汉语语法三百问

邢福义 著

商务印书馆
创于1897 The Commercial Press

图书在版编目(CIP)数据

汉语语法三百问/邢福义著.—北京:商务印书馆,2002(2025.3重印)
ISBN 978-7-100-03310-7

Ⅰ.①汉… Ⅱ.①邢… Ⅲ.①汉语—语法—问答 Ⅳ.①H14-44

中国版本图书馆CIP数据核字(2000)第027014号

HÀNYǓ YǓFǍ SĀNBǍIWÈN
汉 语 语 法 三 百 问
邢福义 著

商 务 印 书 馆 出 版
(北京王府井大街36号 邮政编码100710)
商 务 印 书 馆 发 行
北京虎彩文化传播有限公司印刷
ISBN 978-7-100-03310-7

2002年5月第1版 开本850×1168 1/32
2025年3月北京第8次印刷 印张8⅞

定价:48.00元

教育部人文社科重点研究基地
语言与语言教育研究中心成果

目　　录

句子成分

词类

短语和小句特定句式

复句和句群

研究论

前　　言

这本《汉语语法三百问》，以问答形式讲解汉语语法问题。所谓“汉语语法”，实际上只限于现代汉民族共同语的语法，即通常所说的现代汉语语法；所谓“三百问”，实际上是问题的三百个条目，其中有的条目包含有两问或三问。

本书包括六个部分：1. 总体论；2. 句子成分；3. 词类；4. 短语和小句特定句式；5. 复句和句群；6. 研究论。各个部分都按实际需要设问，内容的比重并不均衡。“总体论”是概说，篇幅不大；“研究论”是点到即止，不展开论说，所占篇幅最小。

本书是教育部人文社科重点研究基地语言与语言教育研究中心的成果。既讲求知识性，又讲求学术性和实用性。全书以讲解基本知识为主线，向两翼伸展，一翼涉及一些相关的学术问题，另一翼涉及语言运用中的一些实际问题。这么做，是为了尽可能扩大适应面，能够引起各方面读者的兴趣，在语法研究和语言教育中起到积极的作用。

本书的三百个条目，大多数每条约五六百字，最少的不少于三百字，最多的也只有千把字。字数的多少，以讲清问题为原则；尽量控制字数，是为了避免冗长的解说。这样，一个条目几百字，读者随手翻到哪一页，都可以看上一两条。

东北师范大学出版社于 1996 年 11 月出版了笔者的《汉语语法学》，接着又鼓励笔者写作一本简明一点的书。本书正是在《汉语语法学》的基础上写成的，当然，不是原样照搬。由于本书用问答形式写作，不好插入参考文献，读者若有需要，可翻看《汉语语法学》的有关章节。

由于商务印书馆的关心和扶助，本书才得以出版。笔者极大地受益于商务的敬业精神和谨严学风。敬佩之情，感谢之意，铭刻到心头！

邢　福　义

2001年5月30日于武昌桂子山

总　体　论

1. 什么是汉语语法？

汉语语法，是汉语各类各级语法实体的构成规则和组合规则的总和。

一方面，是语法实体的“构成”规则。这是指这种那种语法实体内部的构成规则。包括：合成词内部的结构规则，短语内部的结构规则，小句内部的结构规则，复句内部的结构规则，句群内部的结构规则。另一方面，是语法实体的“组合”规则。这是指语法实体与语法实体之间的组合规则。比如，以下种种组合都有规则：语素＋语素→合成词｜词＋词→短语｜词＋短语→短语｜短语＋短语→短语｜词＋语气→小句｜短语＋语气→小句｜小句＋小句→复句／句群｜小句＋复句→复句／句群｜复句＋复句→复句／句群｜小句＋句群→句群｜复句＋句群→句群｜句群＋句群→句群。

由大往小看，某个语法实体是怎么构成的，有什么样的规律，这便表现为“构成”规则；由小往大看，某个语法实体可以跟什么样的语法实体组合，有什么样的规律，这便表现为“组合”规则。构成规则和组合规则，往往可能是相同事实的两个不同着眼点。比方，假如 A 语法实体由 ab 实体所构成，那么，以 A 为着眼点，考察 A 如何由 ab 所构成，这便是 A 的构成规则问题；假如 a 和 b 组合成 A，那么以 a 为着眼点，考察 a 如何同 b 组合成 A，或者以 b 为着眼点，考察 b 如何同 a 组合成 A，这便是 ab 之间的组合规则问题。大多数语法实体都存在“构成”和“组合”两个方面的规则。有些语法实体本身不可再行切分，因此它们只有跟别的语法实体产生组合规则的问题。

严格地讲，从历时的联系上看，汉语语法包括现代汉语语法和古代近代汉语语法；从共时的联系上看，汉语语法包括现代汉语共同语语法和现代汉语方言语法。然而，本书定名为“汉语语法三百问”，却不是一部古今并蓄、纵横兼容的汉语语法书。本书的立足点是现代汉语的现状，讨论的是现代汉语共同语的语法事实。在有必要的时候，才联系到一些古代近代汉语语法现象，或一些现代汉语方言的语法现象。由于现代汉语共同语语法是从古代近代汉语语法发展过来的，并且是跟方言语法存在着密切联系的，因此，本书所述说的基本状况能够反映整个汉语语法的最基本的面目。

2. 汉语语法实体有哪些？

语法实体是一种语言中构成语法系统的实际要素。汉语里，有七种不同类型、不同级别的语法实体。

[1]语素——有意义的最小语法单位。比如“车”，有意义，是个不能再小的单位；又如“咖啡”，有意义，尽管包含两个音节，但不能分割为更小的“咖”和“啡”。

[2]词——能独立运用的最小语法单位。有的词由一个语素构成，这是单纯词，如“车、咖啡”；有的词由两个或几个语素构成，这是合成词，如“火车(火＋车)、咖啡厅(咖啡＋厅)、睡觉(睡＋觉)、搬运队([搬＋运]＋队)”。

［3］短语——由词和词组合而成的语法单位。一个短语，一定包含两个或更多的词。如"新型火车（新型＋火车）、咖啡厅开张（咖啡厅＋开张）、赶紧睡觉（赶紧＋睡觉）、雇用搬运队（雇用＋搬运队）"。

［4］小句——最小的能够独立表述一个意思的语法单位。一个语素，一个词，或者一个短语，只要跟句子语气相结合，都会成为小句。如：票！（语素／单纯词＋祈使语气＝小句）｜傍晚。咖啡厅。（合成词＋陈述语气＝小句）｜赶火车？（短语＋疑问语气＝小句）

［5］复句——包含两个或几个分句的语法单位。作为语法实体，复句由小句和小句所构成。单独使用的小句是单句，构成复句的小句是分句。如："赶紧睡觉！"这是单句。"快熄灯了。"这也是单句。"赶紧睡觉，快熄灯了。"这便成了一个复句，构成这个复句的两个小句都成了分句。

［6］句群——包含两个或几个句子的语法单位。作为语法实体，句群由两个或几个句子所构成。构成句群的句子，可以是单句，可以是复句。如："赶紧睡觉，快熄灯了。明天我来送你。还有一些事，见面后再谈谈。"这是一个句群，由"复句＋单句＋复句"所构成。

［7］句子语气——句子所带有的某种语气。凡是句子语气，都反映说话人的主观态度、主观情绪，跟特定句调相联系。比如"赶紧睡觉！"这个句子带上了祈使语气，反映了说话人的祈求态度和祈求心情。

3. 汉语语法实体如何分类？

汉语语法实体可以从不同角度分类。了解这一点，可以更好地了解语法实体的性质和功能。

[1]单位语法实体和非单位语法实体

单位语法实体是表现为若干个音节单位的语法实体。包括：语素，词，短语，小句，复句，句群。它们是通常所说的语法单位。

非单位语法实体是不表现为音节单位的语法实体。只有一个，就是句子语气。提到句子语气的时候，往往意味着也提到了特定的句调。

[2]基础语法实体和表述语法实体

基础语法实体是作为句子构成基础的语法实体。包括：语素，词，短语，句子语气。其中，语素、词和短语是构件语法单位，“语素—词—短语”是不同的级；句子语气不是通常所说的语法单位，而是一种致句语法实体，即致使句子得以成立的语法实体。对于句子的构成来说，这四种语法实体是基础，因此它们是“基础语法实体”。

表述语法实体是在言语交际中起表述作用的语法实体。包括：小句，复句，句群。“小句—复句—句群”是不同的级。小句由基础语法实体所构成，复句由小句和小句所构成，句群由两个或几个句子所构成，它们都能够表述特定的意旨或表明特定的意图，因此它们都是“表述语法实体”。

[3]可切分语法实体和不可切分语法实体

有的语法实体，如句群、复句、小句、短语和合成词，是可以进行结构切分的语法实体。句群，进行结构切分可以得出一个一个的句子；复句，进行结构切分可以得出一个一个的分句；小句，进行结构切分可以得出一个一个的句子成分；短语，进行结构切分可以得出一个一个的词；合成词，进行结构切分可以得出一个一个构词的语素。

有的语法实体，如语素、单纯词和句子语气，是不能进行结构切分的语法实体。语素或单纯词属于语法单位，由于不可再分割，它们只有跟别的语法实体产生组合规则的问题，本身则没有构成规则的问题。句子语气和同它相联系的句调是非音节性语法实体，也不可切分，而且没有书面语形式，它也只有跟别的语法实体即某个语法单位相结合的问题。

4. 如何理解汉语语法系统？

所谓“汉语语法系统”，有两个含义：第一，指汉语语法本身的系统。它客观地存在于汉语本身，是汉语本身的语法实体的构成规则和组合规则。第二，指汉语语法学系统，即对汉语语法系统进行研究和进行描写所形成的系统。语法著作和语法教科书中所阐述的语法系统，实际上都是第二种含义的语法系统，即语法学系统。

语法学是研究语法的科学。语法学系统尽管以客观存在的语法系统为研究和描写的对象，源于客观存在的语法系统，但是，由于研究者主观方面的种种原因，包括所据理论的不同、所用方法的不同、占有材料的不同、着眼角度的不同、知识结构的不同等等，导致判断的不同和系统建构的不同，因而语法学系统总是带有主观性。正因如此，客观存在的语法系统只有一个，而语法学系统却可以有两个或几个。

比较符合汉语特点的语法学系统，应该以句法为主线来建构。这是因为，汉语的词没有什么形态变化，汉语语法不重词法，而重句法。比如“光荣”，不像英语那样，有glory（名词）、glorious（形容词）、gloriously（副词）等形态变化。对于汉语语法各方面的规则来说，如果脱离句子，是很难描述清楚的。比方说，词性的认定，要靠“入句”来落实。如：你要还想要我这个弟弟，就不能杀他！……我的心都要裂了！（二月河《康熙大帝》）第一个“要”是连词，等于“要是”；第二个“要”是动词，带上了名词宾语；第三个“要”表示“将要/快要”的意思，尽管用在动词前边，但不能像助动词那样可以说成“要不要”，是副词。可知，句法配置决定了三个“要”的词性有所不同。再比方，词语的使用规矩，要靠“入句”来确定。以动词重叠式来说，一般不采用“不+VV”之类说法，如不单说“不想想”或“不讨论讨论”。然而，这样的现象十分常见：怎么不讨论讨论？｜这么重要的事情，你们也不讨论讨论！｜如果不讨论讨论，恐怕很难把思路理清。可知，在特定句域中，“不VV”的说法不一定不能成立。

5. 小句有哪些特点？和句/句子的关系如何？在汉语语法系统中居于什么地位？

小句的特点，主要表现在三个方面：第一，小句具有表述性。即能够表明说话的一个意旨，体现一个特定的意图。比如：你认真吗？｜你认真点！——这两个小句的基本构成材料都是“你”和“认真”，但说话的意旨和体现的意图有所不同，前者表述了一个疑问，后者表述了一个要求。第二，小句具有独立性。即一个小句不被包含在另一个小句之中。如：小刚出事了。｜大娘早就知道小刚出事了。——前一例“小刚出事了”独立使用，是小句；后一例“小刚出事了”被包含在“大娘早就知道X”这个小句之中，用在宾语位置上，不成为小句。第三，小句是最小的表述性语法单位。复句也好，句群也好，起码包含两个小句。如：他站在这异乡的街上，他的心却回到家乡去了。（柳青《梁生宝买稻种》）｜他为什么不进旅馆上呢？难道所有的旅馆都客满了吗？（同上）——前一例是复句，包含两个成了分句的小句；后一例是句群，包含两个分别成为单句的小句。

小句是基本的句子。“句”或“句子”有时用于统指，包括小句和复句，属于广义用法；更多的时候用于特指，只指小句，特别是只指单句，属于狭义用法。

在汉语语法系统中，小句居于中枢地位。它是起主导作用的语法实体，是其他所有语法实体的“联络中心”，为其他所有语法实体所从属所依赖。首先，句子语气黏附于小句。没有小句，语气无所依托。句子语气作为一类语法实体，在跟词和短语相对待的时候才能显示其独立性；对于小句来说，它只是小句的有机组成部分。其次，复句和句群依赖于小句。没有小句，固然没有复句，也不会有句群。第三，词受控于小句。汉语语法系统中的词，只有跟小句产生联系之后，才能明确显示其语法特性和语法职能，才能发挥特定的语法作用。比如“标志”有两个词性，到底是用作动词还是用作名词，脱离了小句无从知道。第四，短语从属于小句。一方面，短语的结构类型为小句的结构类型所包容，分析小句可以得到矩语结构的所有类型，分析短语却得不到小句结构的所有类型；另一方面，绝大多数的短语都是自由短语，具有组合的临时性和可变性，其语义内涵为小句的结构格局所显示，其结构成分和组合方式取决于小句表述意旨的临时需要，相当灵活。

6. 什么是“小句三律”？

成活律、包容律和联结律，这是汉语的“小句三律”。

[1]成活律。小句成活律，是揭示小句成型和生效的必要条件的定律。可以列成两条公式：

成活律Ⅰ：句子语气＋可成句构件语法单位＝小句成型。

成活律Ⅱ：句子语气＋可成句构件语法单位＋意旨的有效表述＝小句生效。

[2]包容律。小句包容律，是揭示小句对“短语·合成词”的包容关系的定律。可以列成两条公式：

包容律Ⅰ：小句－句子特有因素＝短语。

包容律Ⅱ：小句－句子特有因素－短语常备因素＝合成词。

[3]联结律。小句联结律，是揭示小句的联结同“复句·句群”的产生二者之间的因果联系的定律。可以列成两条公式：

联结律Ⅰ：小句联结＋小句分句化＝复句。

联结律Ⅱ：小句直接间接联结＋句子集群化＝句群。

7. 如何理解小句成活律？

小句的成型，有两个必要条件。第一个条件：必须有句子语气。有了句子语气，小句才能成立；有了不同的句子语气，小句才能形成各种各样的语气类型。第二个条件：必须有可成句的构件语法单位，即可以独立地反映一个“意旨”、一个“意图”的词或短语。有的构件语法单位，比如“加以”“和”“在我看来”这样的词语，由于它们很难单独跟某一“意旨”或某一“意图”联系起来，因而很难单独跟特定语气结合起来形成小句。

小句的存活，还需要具备第三个必要条件：意旨的有效表述，即能够有效地把说话的意旨或意图表述出来。是否有效，跟希望取得的效果有关，把话说得清楚而准确固然是有效的，为了让对方摸不着头脑，有意把话说得模糊含混，这也是有效的。就一般情况而言，做到意旨的有效表述，须要顾及两个因素。一个是小句的内部因素，主要指应该具备的成分不可缺少、成分之间配搭得当和语法手段使用正确。常见的病句，都是未能调整好内部因素。另一个是小句的外部因素，主要指的是语境，包括对话语境和上下文语境。在许多情况下，语境可以弥补小句内部因素的不足。有的小句，孤立看成分不齐备，但有了语境的补足便可以成活。

8. 如何理解小句包容律？

凡是以短语为基础构成的小句，必须减去句子特有诸因素，才可以得到这样那样的短语。小句具备而短语所不具备的“句子特有因素”，主要包括：[1]句子语气；[2]复句关系词语（“因为……所以……”之类）；[3]语用成分（如句中独立语）；[4]成分逆置因素（如先谓后主）；[5]成分共用因素（如“应该也有可能做得漂亮点”）。对于小句来说，减去句子特有因素之后直接得到的短语，是直接成句短语；包含在直接成句短语之中的短语，是间接成句短语。比如“滚出来，你们！”减去逆置因素之后得到“你们滚出来”，这是直接成句短语（主谓），再得到“滚出来”，这是间接成句短语（心补）。

在减去句子特有因素之后，如果再减去短语常备因素，便可以得到复合式合成词。短语常备因素有两类：一类是结构因素。即：短语构件的组合比较灵活，构件之间往往可以插入“的”“和”等语法成分。另一类是音节因素。即：短语音节较多，除了“咖啡厅、冲锋枪”之类少量名词，凡是上了三个音节的，一般都会是短语。如“会议标志”和“调查研究”是短语，“会标”和“调研”是减去短语常备因素之后形成的合成词。

9. 如何理解小句联结律？

小句和小句相互联结，可以产生复句。小句分句化，这是促使复句得以形成的动态条件。所谓小句分句化，指的是：小句在复句中成为分句，带上分句的特点。比如：“他没有实力。”这是一个小句，独立成为一个单句。“他不敢买这块地皮了。”这又是一个小句，独立成为一个单句。假如联结成为：“如果他没有实力，他就不敢买这块地皮了。”这就成为一个复句，其中两个小句都被分句化了。

小句和小句相互联结，还可以产生句群。有的句群是“单句+单句”，大多数句群是“单句+复句”、“复句+单句”或“复句+复句”。如果说小句分句化是促使复句得以形成的动态条件，那么，句子集群化便是促使句群得以形成的动态条件。所谓句子集群化，指的是：句子集结成群，共同接受群体关系的制约，语义上相互关联，结构上有时形成特定的格局。如：“A。B。C。由此看来，D。”

10. 小句的语气类型有哪些？

粗略地说，包括陈述、感叹、祈使和疑问四大类。据此，小句大体可以分为四大语气类型：[1]陈述句，[2]感叹句，[3]祈使句，[4]疑问句。如：你很认真。（陈述句）｜你好认真！（感叹句）｜你认真点！（祈使句）｜你认真吗？（疑问句）

单句有不同的语气类型，复句里的分句也分属不同的语气类型。如：你是田家的媳妇，我就不是田家的媳妇吗？（孙健忠《城角》）｜城上风紧，快下城吧！（姚雪垠《李自成》）｜好冷，我受不了。（孙健忠《城角》）——这三个复句都包含两个由小句充当的分句。前一个复句是“陈述语气＋疑问语气”，中间一个复句是“陈述语气＋祈使语气”，后一个复句是“感叹语气＋陈述语气”。

不同语气的小句，都跟特定的语调相联系。语气也好，语调也好，实际上都相当复杂，只能描述其最一般的表现。语气、语调的具体情况如何，语气和语调之间的具体联系怎样，必须通过精密的语音分析手段才能获得比较清楚的认识。

11. 陈述句情况如何？

陈述句是告诉别人一件事的句子。语调平匀，句尾一般稍微下降。

从句子的基干构造看，有的用肯定形式，有的用否定形式，有的用双重否定表肯定的形式。如：我回避他。（肯定）｜我不回避他。（否定）｜我不得不回避他。（双重否定）否定形式的造成，是否定词“不、没有”之类被配置在状语位置之上。即使是双重否定形式，起码也要有一个否定词用作状语，如：“<u>没有</u>一个人<u>不</u>回避他。”如果否定词只在主语部分或宾语部分出现，不会构成否定句式。比如：“我讨厌不老实的人。”这不是否定式陈述句，而是肯定式陈述句。

从句末语气助词看，有时用“的”“了”“呢”“罢了”“嘛”“啊”等。如：我不能参加投资的。|我不能参加投资了。|我不能参加投资呢。|我不能参加投资罢了。|我不能参加投资啊。

12. 感叹句情况如何？

感叹句是抒发某种强烈感情的句子。语调先上升后下降。

从句子的基干构造看，感叹句有独特的地方。主要表现在：常包含“多么、多、好、真”等具有感叹作用的词语。如：张老师有学问。（陈述句）→张老师多么有学问！（感叹句）|他的话很难懂。（陈述句）→他的话好难懂！（感叹句）|这个人不简单。（陈述句）→这个人真不简单！（感叹句）

从句末语气助词看，常用“啊”。“啊”同句中的“多么”之类配合使用，可以使感叹情味更为突出。如：张老师多么有学问啊！|他的话好难懂啊！|这个人真不简单啊！

一般地说，陈述句和感叹句都表示对事物有所断定。不同之处在于，大多数感叹句是在判断的基础上加以慨叹，有的感叹句则由特殊方式构成，与判断无关。如：唉！|天啊！|我的妈！

13. 祈使句情况如何？

祈使句是表示命令或请求的句子。语调逐渐下降。

从句子的基干构造看，祈使句有两个方面的特点。一方面，主语在词面上往往是第二人称的，如“你快走！”但是，实际上隐含着“我命令（你）”“我要求（你）”等意思，即“（我要）你 VP!”另一方面，句子里常用“别”和“请、千万（要）”等带祈使性质的词语。“别”专用于否定式祈使句，如“（你）别动！”肯定式中用了祈使性词语，祈使情味略有变化，如“请进来！”比“进来！”显得尊重对方；又如“千万小心！”显得比“小心！”更为体贴关爱。

从句末语气助词看，常用“吧”“了”和“啊”。如：你跳吧！｜你别跳了！｜你跳啊！｜你别跳啊！

祈使句不直接表示判断。这类句子，是把判断托付于祈使之中。

14. 疑问句情况如何？

疑问句是用来提出问题的句子。典型的疑问句，句末语调上升。

从基干构造和提问要求看，疑问句可以分为三类：[1]是非问。基干构造与陈述句相同。是提出一个问题，要求作出肯定或否定的回答。如：他走了。他不再来了。（陈述句）→他走了？他不再来了？（是非问句）[2]选择问。以“是 X 还是 Y”和“X 不 X”的形式构成基干。是用分项列举方式或正反并用方式提出问题，要求有选择地作出回答。用分项列举方式提出问题的，是列项选择问。如：“你们是喝茶还是喝咖啡？”用正反并用方式提出问题的，是正反选择问。如：“你们喝不喝咖啡？”[3]特指问。基干构造中包含有疑问代词“谁、什么”之类。是用疑问代词代替未知内容，要求对未知内容作出回答。如：你找谁？｜你是什么人？

从句末语气助词看，常用“吗”“呢”“吧”和“啊”。如：客人来了吗？｜谁来了呢？｜我去把他引进来吧？｜喝茶还是喝咖啡啊？

从实际用途看，一般用来提问和求答。不过，疑问形式有时用来表示反问。反问是明知故问，本身表示肯定什么或否定什么，因而不要求对方回答。一般是从肯定方面问，意在否定；从否定方面问，意在肯定。如：这时候谁还能睡得着呢？｜徐老师不就是很好的老师吗？

值得注意的是，有一种二重性特殊疑问句，既问是非又有特指。形式上，句末用“吗”，基干构造中又包含有疑问代词。这是一种“特指性是非问”。比较：有任务吗？（是非问）｜有什么任务呢？（特指问）｜有什么任务吗？（特指性是非问）就发问者的心理因素而言，之所以采用特指性是非问，一方面是只想简捷明快地提出问题，因而把两问并成一问；另一方面是对问话涉及的特定事物有所猜度，但又肯定不了，因而既希望通过使用疑问代词向对方索取答案，又希望通过“有……吗”之类的提问得到对方的证实。

15. 句子语气和句子用途的关系怎样？

一般地说，句子语气和句子用途相一致：陈述句的用途是陈述，疑问句的用途是提问，感叹句和祈使句的用途是表示感叹和祈使。

但是，由于句子的使用还涉及表述技巧的问题，因此，有时句子的语气类型跟句子的使用目的并不是一致的。比方上面提到的反问，尽管属于疑问句，但实际上用来表示肯定判断或否定判断。说“这时候谁还能睡得着呢？”等于说这时候谁都睡不着。说“徐老师不就是很好的老师吗?”等于说徐老师就是很好的老师。又比方,甲对乙说:“你离开一下好不好?”这句话,在语气上属疑问句,在用途上起的却是祈使的作用,等于说“请你离开一下”。再比方,房间里开着窗子,北风一阵阵地往里吹,甲两手抱胸,望着窗子对乙说:“好冷啊!”这句话,明显是感叹句,但起的却是祈使的作用,用意是“请你把窗子关上!”可知,句子语气类型的划分,不完全是句子用途的划分。

16. 句子语气和标点符号的关系怎样?

一般地说,不同的语气在书面上使用不同的标点:如果是单句,陈述句末用句号,疑问句末用问号,感叹句末和祈使句末用叹号。

但是,由于说话语气往往受到主观心情和主观意念的影响,句末标点的使用有一定的灵活性。比方,陈述句末有时用叹号。这是因为,句子虽然是陈述一件事,但说话时带上了一定的情绪。如:“这就是赫赫有名的张工程师!”又比方,感叹句末和祈使句末有时用句号。这是因为,句子尽管是感叹句和祈使句,但说话时并不带上强烈的感叹语气和明显的祈使语气。如:你先下去吧。(曹禺《雷雨》)|雪下得真大。(王群生《彩色的夜》)再比方,疑问句末有时用叹号。这是因为,疑问句用来表示反问,有时用叹号可以突出地表明说话时的情绪。

总而言之,在分析书面语时,对于句子语气类型的确定来说,句号、问号和叹号的使用只是参考性因素。

17. 小句的结构类型有哪些?

由于成分配置的情况有所不同，小句可以分为不同的结构类型。根据主语和谓语这两种基本成分的配置情况，小句首先可以分为主谓句和非主谓句。

[1]主谓句——具备主语和谓语的句子。又可以从不同角度分出不同的小类。比方，如果看主语结构材料的不同，可以分为名词主语句、动词主语句等等；如果看主语跟谓语之间语义关系的不同，可以分为施事主语句、受事主语句、用事主语句等等。又比方，如果看谓语结构材料的不同，可以分为动词性谓语句、形容词性谓语句、名词性谓语句等等；如果看谓语对主语的表述作用的不同，可以分为行为叙述句、性状描写句、事物判断句等等。

[2]非主谓句——不同时具备主语和谓语的句子。根据构成材料的不同，可以又分为三小类：① 谓词性非主谓句。由于像是谓语，而前头没有出现也无须补出主语，因而通常被称为无主句。如：下雨了。|好险!② 名词性非主谓句。有的像是主语，而后头没有出现也无须补出谓语，如：狼！|这样的婆婆！有的是独用成句的呼语，如：爸爸！|尊敬的来宾们!③ 摹声性非主谓句。由拟音词充当，包括独用成句的感叹语和象声语。如：哼！|轰隆！

18. 小句的语气类型和结构类型之间存在什么关系?

句子的语气类型和结构类型之间，包括它们的下位类型之间，存在“加合孳生”的关系。即：“结构型+语气型=结构语气型”。

如下表：

	主谓句	非主谓句
陈述句	主谓陈述句	非主谓陈述句
感叹句	主谓感叹句	非主谓感叹句
祈使句	主谓祈使句	非主谓祈使句
疑问句	主谓疑问句	非主谓疑问句

比如，“这孩子很可爱。”这是主谓陈述句。“好可爱的孩子！”这是非主谓感叹句。

又如，“您刚到？”这是主谓疑问句。“请！”这是非主谓祈使句。

19. 汉语语法结构在总体面貌上呈现什么样的特点？

汉语语法结构在总体面貌上呈现出语义兼容和结构趋简的特点。

就语义蕴含而言，汉语语法结构往往具有兼容性。即：在同样一个结构之中，包容了这样那样的多种意义。所谓“同样一个结构”，有概括程度很高的“主谓”“动宾”“动补”“定心”“状心”等等，它们所包含的语义内容五花八门，自不待说；也有形式上部分相同甚至完全相同的，它们也往往兼容不同的意义。如：考学生——学生是考的对象｜考物理——物理是考的科目。又如：考司机 1——考验司机的水平或胆量（在这路卜开车可要考司机了！）｜考司机 2——通过考试成为司机（我想考司机，将来开出租车养家糊口！）。

就语表形式的总体走向而言，汉语语法结构具有趋简性。即：

表示同样一种语义蕴含，既可以采用可能有的全量形式，也可以采用经过减缩的简化形式。尽管语言运用中全量形式和简化形式可以并存，但只要有可能，人们往往会选择简化形式。从全量形式到简化形式的过程，是结构趋简的过程；其结果，使汉语的句法结构形式在总体上显现出趋简性的特点。如：考验司机的水平或胆量/通过考试成为司机→考司机。

语义兼容和形式趋简，表明汉语语法重于意而简于形。这从表里关系的侧面，反映出汉语语法结构在语义容量上常用加法和在形式选用上常用减法的倾向。

20. 形式趋简有些什么途径？

形式趋简有多种多样的途径，或者说，结构的减缩有多种多样的办法。常见的有：

[1]谓词隐匿。比如：一手钱，一手货！（电视剧《金融潮》）——等于说：一手交钱，一手交货！又如：县长大中华，局长红塔山，科长红山茶，乡长牡丹花。一天两三包，自有人给他。（楚良《故乡是非》）——等于说：县长抽大中华，局长抽红塔山，科长抽红山茶，乡长抽牡丹花。一天抽两三包，自有人给他。

[2]结构移变。比如：往年棉花卖议价……（同上79页）——等于说：用议价的方式卖出去。又如：他挑逗地说……（周而复《南京的陷落》）——等于说：用挑逗的语调/怀着挑逗的心情说。

[3]成分扣合。比如：贺兄，我找得你好苦哇。（古龙《金刀亭》）——等于说：（我）找你，找得好苦！又如：你害得我不够吗？（陈浩泉《选美前后》——等于说：（你）害我，害得还不够吗？

21. 语义兼容与形式趋简的相互关系如何？

趋简与兼容，互为条件。

一方面，结构形式的趋简，导致结构语义的兼容。比方说，李小松给朋友打电话："春毓吗？我李小松！"这时等于说我是李小松。又比方说，"我"给大家分配联络的对象："你汪国盾，他萧宇汤，我李小松。"这时等于说我联络李小松。假若是给演员分配剧中角色："你汪奶奶，他萧大伯，我李小松。"这时又等于说我演李小松。这样，"我是李小松""我联络李小松""我演李小松"等等都可以采用趋简形式"我李小松"；"我李小松"这个结构槽，自然就兼容了多种语义关系。

另一方面，语义兼容的可能性，又提供结构趋简的可能性。比方说，汉语里动宾格式是一种强势格式，动宾结构槽的语义兼容能力特别强。因此，只要符合代体宾语代入常规宾语位置的条件，那么，不管是什么情况，都可以被装载进动宾结构槽，趋简成为"动宾"。比方"砍山"：今天她们要去砍山，准备垦一片种旱谷的新地。（黄钲《哥喂鸟》）——动宾结构槽的强大兼容能力，使"砍山"容纳进"在山上砍掉树木，除去杂草荆棘"这样的复杂意思成为可能。

22. 汉语语法结构的趋简与兼容服从于什么原则？

汉语语法结构的趋简与兼容，服从于语用原则。

汉语的使用，一贯讲究借助于语言背景而力求经济简练。两千多年之前，孔子（前 551—前 479）就说过："辞达而已矣"。（《论语·卫灵公》）意思是说，言辞足以达意就够了。所谓"辞达而已"，实际上就是自古至今汉人所遵循的一条语用原则。有关论述，还可以举出不少。比方，《左传·襄公二十五年》引古语：“言以足志，文以足言。”意思是说：言辞用来充分表达意思，文采用来充分发挥言辞。《世说新语·文学》主张：“辞约而旨达”。强调的是言辞简约而意旨显明。刘勰《文心雕龙·物色》提出：“以少总多，情貌无遗。”强调的是以简洁的词句总括丰富的内容。苏轼《答谢民师书》提出：“辞至于能达，则文不可胜用矣。”意思是说：言辞能够表达意思，文章就有很大的用处。宋·陈骙《文则》指出：“言以简为当。”更是明确地强调了一个“简”字。古人的上述论说是综合性的，包括用词数量、结构组织、修辞要求、表达技巧、信息传达与理解的准则等等方面，自然也包含有跟语法结构形式有关的问题。透过这些话，可以知道，汉语的遣词造句，汉语语法结构的使用和发展，深受语用原则的影响。这一点自古如此，表明了汉族人使用汉语的共同心态和语用观。

句 子 成 分

23. 什么是句子成分？有哪些特性？

句子成分是小句里具有特定功能的结构成分。

除了单词句，小句都由具有不同功能的结构成分所构成，因而都可以分析出功能不同的句子成分。比如："熊猫！"这是单词句，不能分析出句子成分。又如："熊猫很温顺。"这是主谓句，可以分析出主语"熊猫"和谓语"很温顺"。在谓语"很温顺"里，还可以进一步分析出状语"很"和中心语"温顺"。

句子成分有四个方面的特性：第一，配对性；第二，层次性；第三，扣合性；第四，互易性。这四个方面的特性，从不同角度反映出汉语小句中成分配置的状况。

24. 怎样理解句子成分的配对性？

从相互关系看，句子成分具有配对性，它们结成了五个对子：

[1]主语—谓语

[2]宾语—对宾动语

[3]定语—对定心语

[4]状语—对状心语

[5]补语—对补心语

通常把主语、谓语、宾语、定语、状语、补语等句子成分并列提出，这是笼统性说法。实际上，汉语的一般句子成分是配对的，它们处于相互规约的关系之中，它们所占据的位置是一种关系位置。比方，主语和谓语配对，二者相对待而存在；宾语和动语配对，二者相对待而存在。只有各个配对成分，才有真正的并列关系。

为了简便，对宾动语可以简称为动语，在由一个动词充当时也可以直接叫做动词；对定心语、对状心语、对补心语，都可以简称为心语。

25. 怎样理解句子成分的层次性？

从相互组合看，句子成分具有层次性。不同的配对成分，形成不同的层次。

构成小句第一层次的配对成分，往往是主语和谓语。如：熊猫很温顺。（主·谓）不过，其他配对成分也可以构成小句第一层次。如：爱护草坪！（动·宾）｜这样的婆婆！（定·心）｜好险！（差点迟到了！）（状·心）｜糟糕透了！（怎么又下起雨来了呢？）（心·补）

比较复杂的小句，往往包含两个或更多的层次。这时，句子里可能出现多种配对成分，它们一般都被配置在不同层次之上。如“运送货物的火车晚点一个小时”：

运送｜货物 的｜火车｜晚点｜一个｜小时。

动宾　　　　　　　定心　　…………层次 3

定心　　心补　　…………层次 2

主谓　　…………层次 1

26. 怎样理解句子成分的扣合性？

从组合结果看，句子成分之间有的时候具有扣合性。即：甲配对成分和乙配对成分同时出现，它们的某个部分互相扣合。扣合性是对层次性的简化。层次性和扣合性并存，成了汉语小句格局的重要特点之一。比如：

动宾＋主谓→兼语式（“宾—主”扣合）：

催促张理＋张理上任→催促张理上任。

状心＋动宾→状动宾（“心—动”扣合）：

刻苦学习＋学习外语→刻苦学习外语。

状心＋心补→状心补（“心—心”扣合）：

周密调查＋调查一下→周密调查一下。

动宾 1+ 动宾 2 →动带双宾（“动—动”扣合）：

赠送幼儿园＋赠送电动玩具＝赠送幼儿园电动玩具。

动宾＋心补→动宾补／心补宾（“动—心”扣合）：

按了门铃＋按了一会儿→按了门铃一会儿／按了一会儿门铃。

句子成分的扣合现象，通常在句子的谓语部分里出现。分析句子的谓语部分，既不能忽视层次性，又应灵活对待层次性。对于扣合现象，凡是二分起来有麻烦的，都可以着重揭示其结构上和语义关系上的特点，不必硬性二分。

27. 怎样理解句子成分的互易性？

从相互变易的可能性看，某些句子成分之间又具有互易性。

即：由于意旨表述的需要，甲句子成分和乙句子成分有时可以互易位置，但不变动句子的基本意思。这反映汉语句子在成分配置上的灵活性。比如：

[1]主语宾语互易：我们想死你了。↔你想死我们了。

[2]状语补语互易：他出奇地活跃。↔他活跃得出奇。

[3]定语状语互易：他泡了一杯浓浓的咖啡。↔他浓浓地泡了一杯咖啡。

[4]定语谓语互易：好大的风啊！↔风好大啊！

句子成分的互易，一般交错地发生在不同配对成分之间，而不发生在配对成分内部。比如主语和宾语，状语和补语，定语和状语，定语和谓语，它们都不是配对的成分。不过，也有特殊情况：

[5]主语谓语互易：一斤猪肉三块钱。↔三块钱一斤猪肉。

语序是汉语的重要语法手段，但是汉语的语序只是相对固定，而不是绝对固定。研究句子里各种成分的对应关系，考察它们互易的可能性和条件，以及因互易而产生的特定语用效果，可以丰富对于汉语语法的认识。

28. 什么是主语和谓语？

主语是谓语前边表示主体事物的成分；谓语是主语后边表示有所述说的成分。

这是两个基本句子成分，一般的小句都由这两个成分所构成。其中，谓语的地位尤其重要。如：张老师在讲课。｜张老师很高大。｜张老师湖南人。｜张老师最近怎么样？——前边的“张老师”表示主体事物，是主语；后边的“在讲课”“很高大”“湖南人”等都从一个角度表示对主体事物的述说，都是谓语。

主语一般由名词或名词短语充当。通常表示人物，有的表示方所或时间。如：张老师去阅览室。（表示人物）｜阅览室有很多报刊。（表示方所）｜今天是星期日。（表示时间）

谓语包括动词谓语、形容词谓语、名词谓语和其他谓语。动词谓语由动词或动词短语充当，如：张老师在讲课；形容词谓语由形容词或形容词短语充当，如：张老师很高大；名词谓语由名词或名词短语充当，如：张老师湖南人；其他谓语由非动形名的词或短语充当，如：张老师最近怎么样？

29. 主语的语义类型跟谓语有何关系？主要类型有哪些？

主语的语义类型受到谓语内容的规约。假设以“牛”和“马”为主语，那么，说“牛在吃草，马在奔跑”时它们是施事主语，说“牛牵走了，马也牵走了”时它们是受事主语，说“牛耕田，马拉车”时它们是用事主语。显然，离开起述说作用的谓语，施事、受事、用事之类无从断定。

大体说，主语的语义类型可以概括为六种。

[1]施事主语。所指事物，施行谓语所表示的行为。如：牛吃过草了。｜大妈在切牛肉。施事主语句是一类最常用的句子。

[2]受事主语。所指事物，承受谓语所表示的行为。如：牛牵走了。｜刀子切钝了。受事主语句包括“被”字句。

[3]用事主语。所指事物，具有提供使用的内涵。如：这把刀子切牛肉。｜这些土豆烧牛肉。“用事”这一概念可以更加全面地

覆盖跟“用”字有关的种种现象。

[4]于事主语。所指事物，表示行为发生的位置。如：刀子上刻着几个小字。|土豆里长了好些虫子。于事主语句通常也叫存现句。

[5]断事主语。所指事物，是谓语所断定的对象。如：这个盘子是我的。|这些土豆有霉味。这类句子的谓语，从“是不是、属于不属于、像不像、有没有”的角度判断事物。有时谓语只出现名词、名词短语或数量词，但隐含有“是、有”之类非行为动词。如：张老师湖南人。|今天阴天。|牧场一片水。|这堆土豆大约七八十斤。

[6]描写主语。所指事物，是谓语所描写的对象。如：这孩子特别机灵。|这把刀子很名贵。这类句子的谓语，由形容词和形容词结构充当。

30. 如何看待人物、方所、时间三种词语的主语性？

人物、方所、时间三种词语可以分别成为主语。如：

这位老人实在令人留恋。(人物)

这个地方实在令人留恋。(方所)

这段日子实在令人留恋。(时间)

人物、方所、时间三种词语也可以联合出现，共同充当主语。如：

这位老人，这个地方，这段日子，实在令人留恋。(联合)

相对说来，人物词语主语性最强，方所词语次之，时间词语的主语性最差。如果人物词语和方所、时间词语同时在动词谓语前头出现，但未形成联合关系，那么人物词语是主语，方所、时间词语降格成为方所状语和时间状语。如：

这段日子这个地方所有老人都到医院检查了身体。

“所有老人”是人物主语，“这个地方”是方所状语，“这段日子”是时间状语。

有时，人物主语在特定语境中被简省，动词谓语前边只出现方所词语或时间词语。即使如此，处所、时间词语仍然是状语，因为留有物体主语的空位，可以补出。如：

屋里坐！（=大家屋里坐！）

晚上再谈！（=我们晚上再谈！）

31. 小句在什么情况下出现双主语？

在两种情况下，小句出现双主语。

［1］小句由主谓短语充当谓语。这时出现大主语和小主语。如：这个人胆子小。（这个人，大主语；胆子，小主语。）｜这种产品的确式样新颖。（这种产品，大主语；式样，小主语。）——大主语是全句的主语，小主语是主谓短语中的主语。

［2］小句采用“我这是 VP”之类格式。这时出现指人主语和指事主语。如：你这是怎么啦？（你，指人主语；这，指事主语。）｜张辉这是第三次上台领奖了！（张辉，指人主语；这，指事主语。）——指人主语用人称代词或表人名词，指事主语一般用指示代词“这”。这类双主语句，可以分化为两个单主语的分句。如：你怎么啦，这是？｜张辉第三次上台领奖了，这是！

32. 话题和主语的关系如何？

话题，指一句话里作为新情况的述说对象的事物或事件，也叫主题。这是讲语用问题时用到的概念，跟语法系统中的主语并不等同。其重要特点是：第一，占据一句话的开头部位；第二，一般重读，往往用强调的语气说出来。如：

昨天晚上，他进过这间屋子。

这个经历了无数磨难的人，他的承受力实在惊人。

关于兴修水利，你们准备采取什么措施？

为了子孙后代的幸福，我们必须艰苦奋斗。

这些例子表明，话题不一定都是主语。第一例，"昨天晚上"是定心短语充当的状语；第二例，"这个经历了无数磨难的人"是定心短语充当的外位成分；第三例，"关于兴修水利"是介词短语充当的状语；第四例，"为了子孙后代的幸福"也是介词短语充当的状语。

有时主语和话题重合。这时，为了强调突出话题，书面上可以加个逗号。如：

他，做事情从来不考虑后果！

上例的"他"既是主语又是话题。

33. 什么是宾语？

宾语是动词性成分后边表示客体事物的成分。如：（小莲）送来了一篮子苹果。｜（小莲）是张大妈的小女儿。｜（小莲）感到这件事很难办。——"一篮子苹果""张大妈的小女儿""这件事很难办"都是宾语，它们分别用在动词性成分"送来了""是""感到"

的后边。

跟宾语相对的动词性成分叫作动语；没有动语，就无所谓宾语。带宾语的动语可以由一个动词充当，也可以由一个动词短语充当。比方“写几个字”，其中的动语是“写”；“写错了几个字”，其中的动语是“写错了”。

由宾语表示出来的客体事物，所指范围比较广泛，既包括物体，也包括方所时间，还包括为动语所涉及的行为活动或性质状态。从这个角度看，宾语可以分为体词性宾语和谓词性宾语。比如“喜欢物理”“喜欢黄昏”，其中的“物理”“黄昏”是体词性宾语；“喜欢画画”“喜欢清静”，其中的“画画”“清静”是谓词性宾语。

34. 宾语的语义类型跟动语有何关系？主要类型有哪些？

宾语的语义类型受到动语语义的规约。假设以“外宾”为宾语，那么，说“请了外宾”时是受事宾语，说“来了外宾”时是施事宾语，说“这位是外宾”时是断事宾语。离开动语(动词)，受事、施事、断事等无从断定。

大体说，宾语的语义类型可以概括为以下五类。

[1]受事宾语。表示直接或间接承受行为活动的客体事物，可以转化为受事主语。如：挖野草(→野草挖掉了)｜挖地道(→地道挖好了)｜挖金子(→金子挖到了)。

[2]施事宾语。表示已经或可能施行行为活动的客体事物，可以转化为施事主语。如：台上坐着主席团。(→主席团坐在台上。)｜对面跑来了一头牛。(→一头牛从对面跑来了。)｜他七岁时死了母

亲。(→他七岁时母亲死了。) | 一间房子住两个人。(→两个人住一间房子。) | 桥上可以走大卡车。(→大卡车可以在桥上走。)

[3]断事宾语。表示对主语有所断定的客体事物，不存在施受关系。如：李先生是历史学家。| 你姓东方？| 你叫东方向康？| 你把我看作什么人？有的断事宾语，可以同断事主语互易，基本意思不变。如：谁是林东辉？| 林东辉是谁？

[4]于事宾语。表示行为发生的方所位置或时间位置，动宾之间或现或隐地包含有"在""到""进"等语义关系。如：抵达北京 | 潜入海底 | 寄宿亲戚家中 | 已到深秋时节 | 转眼又要进入二十一世纪。

[5]反身宾语。表示人物动作反回自身的某个部位，像是受事，但又可以转到主语位置成为施事主语。如：挺了挺胸脯(→胸脯挺了挺) | 张大了嘴巴(→嘴巴张大了) | 紧闭着眼睛(→眼睛紧闭着) | 不停地挥动着右手(→右手不停地挥动着)。

35. 受事宾语包括哪些宾语？

受事宾语是最典型的宾语，包括对象宾语和目标宾语。

[1]对象宾语。在VO结构中，O事物本来已存在，V动作直接施加于O事物。如：挖土 | 挖山 | 挖野草 | 挖古墓。

[2]目标宾语。在VO结构中，或者O事物本来不存在，V动作的目标是造成O事物；或者O事物本来已存在，V动作不是直接施加于O事物，而是以获得O事物为目标。如：a. 挖洞 | 挖沟 | 挖战壕 | 挖地道——对于"挖"来说，"洞、沟、战壕、地道"都是通过动作造成的事物，它们都是目标宾语，也叫结果宾语。b. 挖金子 |

挖红薯｜挖蚯蚓｜挖古董——对于“挖”来说，“金子、红薯、蚯蚓、古董”都是通过动作获得的事物，它们也是目标宾语。

目标宾语表示通过动作所追求的一个目标，它所代表的事物是人们心目中所追求的某个对象，或者说，是动作者意念上所指向的某个对象。从这个意义上说，目标宾语未尝不可以认为是一种间接的对象宾语。

36. 如何解释汉语动宾关系的复杂性？

汉语的动宾关系极其丰富多样，及物动词与所带的宾语之间关系尤为复杂。这需要把及物动词所带的宾语分为两大类来说。

[1]常规宾语。包括对象宾语和目标宾语。所谓“常规”，是就动作和事物之间所建立的常规联系来说的。这种常规联系，为说汉语的人所共同认识和共同接受。只要一提到某个典型及物动词，人们会按照自己的生活经历想到它要求带上的常规宾语。如：吃→饭／菜／苹果……（对象宾语）；造→船／车／工厂……（目标宾语）；写→人／物／事件……（对象宾语）；写→字／信／小说……（目标宾语）。

[2]代体宾语。这是在特定条件下代入常规宾语位置的非常规宾语。即：

a. 常规式：[及物动词]+[常规宾语]

b. 代入式：[及物动词]+[↑]

<代体宾语>

代体宾语所代表的事物，一方面跟常规宾语所代表的事物有联系，另一方面又跟及物动词所表示的动作有联系。比如，用毛笔写

字，“毛笔”同时跟“写”和“字”有联系；把字写在黑板上，“黑板”也同时跟“写”和“字”有联系。“字”是常规宾语，“毛笔”“黑板”若代入宾语的位置，便成为代体宾语：写毛笔｜写黑板。

汉语的动宾关系之复杂，跟宾语代入现象的复杂多样相联系。代体宾语跟及物动词的具体语义发生关系，而及物动词数量很多，不同意义的及物动词所能带上的代体宾语可以同中有异，或者互不相同，甚至差别极大，因此，代体宾语的种类是难以穷尽遍举的。

37. 代体宾语的形成有什么条件？

代体宾语的形成，需要满足下列条件：

［1］有三角联系。代体宾语同及物动词和常规宾语都有联系，可以列成一个三角联系阵图：

```
动—常
  \ |
   代
```

比方，“打排球”是及物动词带常规宾语。在“排球”的位置上可以代入各种各样的代体宾语：打奥运会｜打主力｜打二传手｜打表演赛｜打世界冠军｜打日本队｜打时间差……。在种种“打—O”结构中，不管代体宾语是怎么个花样，都无一不受三角联系阵图的约束。

［2］提供新信息。代体宾语能够在常规宾语的基础上向人们提供一个新的信息。比如，用耳机听音乐可以说成“听耳机”（“请你放心，我听耳机，不会吵你的！”），用耳朵听音乐却不能说成“听耳朵”。这是因为，“耳机”的信息是新的，可以让别人在听什么的

基础上多了解点什么，而“耳朵”原本就是用来听声音的。

[3]不产生误解。代体宾语所提供的信息没有产生歧解的可能。比较：戴耳机听音乐→听耳机｜戴眼镜看小说→？看眼镜——“听耳机”，不会被认为耳机就是听的对象，“耳机”作为代体宾语可以成立；“看眼镜”，可能被认为眼镜就是看的对象，因此，“眼镜”作为代体宾语不能成立。

[4]有言语背景。除了一些共识性很强的说法，动词和代体宾语之间的语义关系靠特定语境来确定。如：郎平……到了青年队，又想打北京市队。打上北京市队后，眼睛就盯着国家队。（鲁光《中国男子汉》）——如果孤零零地说“打北京市队”，可能以为是跟北京市队打球，而不知道指的是在北京市队打球。

[5]及物动词是单音节的。双音及物动词，不带代体宾语。如“写毛笔”不能说成“书写毛笔”。

38. 什么是双宾语？构成情况如何？

双宾语指一个动词性成分后边同时出现的两个宾语。居前的叫“前宾语”，居后的叫“后宾语”。如：给你奖金｜喂孩子牛奶｜送他礼品｜还小张十块钱。

双宾语中，一个宾语指人，回答“谁”的问题，一个宾语指物，回答“什么”的问题。通常是前宾语指人，后宾语指物，表现为“指人宾语＋指物宾语”。如“给你奖金”中前宾语“你”指人，后宾语“奖金”指物。

有时，不仅前宾语指人，后宾语也指人，但指人的后宾语不能

用“谁”提问，只能用“什么、什么人、多少人”等提问。如：给你们几个小学教师 | 给我们百把个身强力壮的小伙子。有时，不仅后宾语指物，前宾语也指物，但指物的前宾语不能用“什么”提问，有的只能用“谁、什么单位、什么部门”之类去提问。如：给小猫一块鱼 | 赠图书馆一万册书 | 送黄鹤楼一副对联。有时，前宾语指物，后宾语指人，双宾语表现为“指物宾语 + 指人宾语”，但动词和指物宾语都只有一个音节。这样的用法，带文言色彩，多见于报纸标题。如：致函克里斯顿 | 复信俄罗斯总统。

39. 怎样判别双宾语？

从语义关系看，动词和双宾语之间存在“给予”一类的语义。有的动词本身并不表示“给予”的意思，但如果进入“动 + 双宾”中动语位置，就会被强制产生这类意思。如：大家都叫他大力士。| 大家都骂他老狐狸。——“叫、骂”本身没有“给予”意义，但上例有“给某人某个称号”的意思。

从结构关系看，前宾语和后宾语都能连着动语单说。比如“给你奖金”中“你”和“奖金”是双宾语，“给你”“给奖金”都能单说。凡是不能分开来连着动语单说的两个名词语，不构成双宾语。比较：我赔了他一辆自行车。| 我收了他一辆自行车。——前一例，“他”和“一辆自行车”构成双宾语，可以分别说成：赔了他，赔了一辆自行车。后一例，“他”和“一辆自行车”不构成双宾语：“收了一辆自行车”能说，“收了他”不能说。后一例的“他一辆自行车”是单宾语，由一个定心短语充当。

有时有这样的说法：我只借了他两次钱。——一方面，“他两次钱”不是一个定心短语；但是另一方面，“他”和“两次钱”也不构成双宾语，因为只能说“借了两次钱”，却不能说“借了他”。这种说法，属于成分扣合现象，由“借了他(的)钱”和“借了两次”扣合而成。汉语里，成分扣合现象是多种多样的。

40. 什么是定语？跟“的”字的关系如何？怎样分类？

定语是体词性结构里心语前边起修饰作用的成分。如“老虎尾巴”是体词性结构，“尾巴”是心语，前边的“老虎”是定语。

定语有时带“的”。在许多情况下，“的”(de)可以看作是定语的语法标志。如：老虎的尾巴｜凶猛的尾巴｜他们的神态｜讨好的神态。有的定语后边不能用“的”，但定和心之间可以插入“X的”，形成多项定语的格局。如：一群青年→一群朝气蓬勃的青年｜这个日子→这个值得纪念的日子。——通过插入“X的”，证明前边的“一群”“这个”之类也是定语。

对于心语来说，定语有不同的语义类型。根据语义，结合语词性质，首先可以把定语大体上分为两大类：[1]物体类定语——表示人和事物，以及跟人和事物相关的数量、时间、方所等意义。主要包括领属定语、数量定语、指别定语和时地定语，由体词性语词充当。[2]状况类定语——表示跟心语事物有关的性质状态或行为活动等方面的意义。主要包括性状定语、行为定语、断事定语和涵义定语，由谓词性语词充当。

41. 对定心语情况如何？

在结构上，对定心语可以是词，可以是短语。如：好香的花！|多么好的兄弟姐妹！|这杯酒，献给黄土高原上的父老乡亲！——前两例，定心结构都成句，心语“花”和“兄弟姐妹”分别是词和短语；第三例，两个定心结构被配置成为主语和宾语，其中的心语“酒”和“父老乡亲”分别是词和短语。

在性质上，最典型的对定心语是名词，因此定心结构经常被叫做定名结构，定语通常被解释为名词的修饰成分。但是，对定心语并不限于名词或由名词构成的短语。如：他的粗暴实在叫人难以忍受。|我最讨厌的就是你的装模作样。——“他的粗暴”和“你的装模作样”也是定心结构，其中的心语“粗暴”和“装模作样”却分别是形容词和动词短语。这表明，“定心结构”的覆盖面大于“定名结构”。

值得注意的是：心语为动词、形容词的定心结构，总是出现在句子里主语、宾语或介词后置成分的位置之上，起“指称”事物的作用，属于体词性结构。这就是说，它们跟定名结构存在共性。

42. 领属定语是什么样的定语？

领属定语是物体类定语，表示心语事物之所属。如：我的母亲|他的小猫|张亮的日记|母亲的娘家|小猫的眼睛|日记的内容。假如用XY代表领属定语和心语，那么，它们之间的关系可以确定为：Y，是X的Y。如：我的母亲→母亲，是我的母亲|张亮的日记→日记，是张亮的日记。

采用“我(的)”、“你(的)”、“他(的)”之类形式的定语，一般都是领属定语。但是，有的时候，它们跟心语之间没有直接的领属关系。如：他的诸葛亮演得很好。|今天是你的主席？|你千万别打我的主意！|我的天！——第一例等于说：他演诸葛亮演得很好。第二例等于说：今天是你当主席？第三例等于说：你千万别打拉拢(欺负/损害)我的主意！第四例整个儿表示惊叹。这些例子中的定语“他的、你的、我的”都只是采取领属定语的形式，实质上并没有领属定语的内涵。它们都是表象领属定语，就语义上的实际联系而言，是假领属定语。

43. 数量定语、指别定语和时地定语是什么样的定语？

这三类定语也是物体类定语。

数量定语表示心语事物的数量。数量定语和心语之间一般不用“的”，但如果采用数量词的重叠形式，则一般要用“的”。如：一个碗|四斤白菜|一串一串的葡萄|一群一群的游客。充当数量定语的词语，通常是数量词，但也可以是具有表数作用的其他词语。如：全体官兵|所有财产|一切景物|少量货物|绝大多数居民。充当数量定语的数量词，通常表示物量，但也表示时量，偶尔还可以表示动量。如：五天时间|四年期限|三分钟的热血|一次机会(请你再给我一次机会！)。

指别定语表示对心语事物的指示和区别。指别定语和心语之间不用“的”。如：这单据|那单据|这情景|那情景。充当指别定语的最基本的词，是指示代词“这”和“那”。但是更常见的形式

则是由“这/那+量词”构成的近似短语词的单位。如：这个杯子｜那种药品｜这些看法｜那笔财产。如果“这/那”和数量词同时充当定语，便是指别定语和数量定语同时显现，结合使用。如：这两位战士｜那三块田地。

时地定语表示心语事物所关涉到的时点和地点。表示时点的是时间定语，表示地点的是方所定语，它们一般分别由表示时间和方所的词语充当。如：今天的天气｜明年的收成｜目前的形势｜海南的水果｜三峡的风光｜岸边的杂草。这类定语和心语之间有时可以不用“的”：目前的形势→目前形势｜三峡的风光→三峡风光。

44. 性状定语、行为定语是什么样的定语？

这两类都是状况类定语。

性状定语表示心语事物的性质或状态。定语和心语之间常用“的”，有时也可以不用。如：聪明的孩子｜弯曲的山路｜伟大人物｜魁梧身躯。这类定语由形容词和形容词结构充当。各类形容词结构都可以充当这类定语：欢乐优美的舞曲，又黑又浓的眉毛（联合式结构）｜十分浅显的道理，比狼还凶的表情（状心式结构）｜热得难受的气候，绿得耀眼的扣子（心补式结构）。

行为定语表示跟心语事物有关联的行为活动。定语和心语之间常用“的”。如：a.参观过我们车间的外宾｜即将出发的战士｜摘下来不久的苹果，b.削苹果的刀子｜堆放杂物的房间｜用来保护路基和美化环境的树木。——a组行为定语表示心语事物所施行或承受的行为活动，心语可以向施事主语或受事主语转化：（那些）外宾参观过我们车间｜（这些）苹果摘下来不久。b组行为定语表示心语事物的功用，心语可以向用事主语转化：（这种）刀子用来削苹果｜（这个）房间用来堆放杂物。

行为定语通常由动词结构充当。有时，一个动词直接作一个名词的定语，中间不用“的”。这样构成的定名结构，整个儿表示一个名目。如：指挥人员｜领导核心｜学习资料｜考察报告｜咨询单位｜分析方法｜限制措施｜使用条件。

45．断事定语和涵义定语是什么样的定语？

这两类也是状况类定语。

断事定语表示对心语事物有所断定。定语和心语之间用“的”。如：本是民兵队长的张丰｜不是演员的演员｜有牙齿的动物｜没有根据的说法｜属于本公司的职工｜不属于该国版图的地方。这类定语一般由动词结构充当，动词结构里包含有断事宾语。如定语“本是民兵队长（的）”，其中“民兵队长”是断事宾语。这类定语的心语若向主语转化，便成为断事主语。如：张丰本是民兵队长。｜（这种）说法没有根据。｜（这块）地方不属于该国版图。

涵义定语表示心语所指特定事物的特定涵义。定语和心语之间用“的”。如：夫妻吵架的事｜语义特征分析的方法｜观察描写解释三充分的要求｜百花齐放百家争鸣的方针。——“夫妻吵架”是“事”的特定涵义，其他类推。这类定语实际上是对心语事物作具体化的解释，定语和心语处在同指一种对象的关系之中。因此，这种“X的Y”定心结构，可以转化为“X这种Y”之类同位结构。如：夫妻吵架这种事｜语义特征分析这种方法｜观察描写解释三充分这样的要求｜百花齐放百家争鸣这一方针。

46. 不同类型的定语如何排列位序？

同一心语，可以带上不同类型的定语。如果不同类型的定语同时在同一心语前边出现，它们之间就存在如何排列位序的问题。通常是：领属—时地—指别—数量—行为—断事—涵义—性状。

有时，两个定语的排列位序是强制性的。比方指别定语“这、那”和数量定语“一个、两种”之类，指别在前，数量在后。又比方领属定语“我(的)、他(的)”之类和性状定语“十分粗暴(的)、优雅大方(的)”之类，领属在前，性状在后。再比方，作为一个名目的“定语＋心语”(不用“的”)的结构，如“鲁迅作品、唐代作品、国外作品、获奖作品”，不管其定语属于哪个类型，别的定语总要用在它们的前边：精选的鲁迅作品｜加注的唐代作品｜课本中的外国作品｜琳琅满目的获奖作品。

有时，两个定语的排列位序是倾向性的。比方物体类一般在前，状况类一般在后(鲁迅晚年的极其尖锐泼辣的杂文)，但也可能出现相反的位序(极其尖锐泼辣的鲁迅晚年的杂文)。又比方物体类内部，一般倾向于领属在前，指别、数量在后(吕老的这几部著作)，但也可能出现相反的位序(这几部吕老的著作)。再比方状况类内部，一般倾向于行为在前，性状在后(刚买回来的特别新鲜的水果)，但也可能出现相反的位序(特别新鲜的刚买回来的水果)。一般说来，变动排列位序，是为了取得特定的语用效果。比较：一个多么可爱的女孩！｜多么可爱的一个女孩！——跟前一例相比较，后一例突出了“多么可爱”。

47. 多项定语同心语之间的层次关系是怎样的？

讨论各类定语在心语前边的排列位序时，心语被看作一个不变的单位。如果从层次关系上来分析定语和心语，那么，应该明确：第一，在一个包含多项定语的复杂的定心结构里，最前边的定语修饰它后边的“定语 + 心语”，“定语 + 心语”整个儿是它的心语。这就是说，多项定语不是处于同一层次之上。第二，在一个包含多项定语的复杂的定心结构中，心语是一个可变单位，时小时大。如“（这是）他们一个刚满十岁的女儿”：

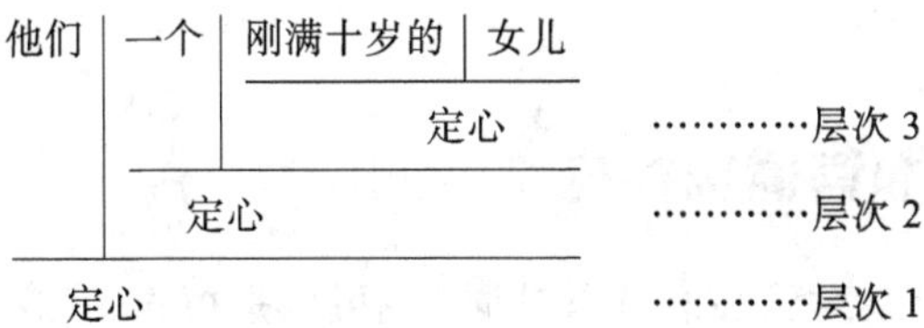

48. 什么是状语？怎样辨认？怎样分类？

状语是谓词性结构里心语前边起修饰作用的成分。如：一再盘查｜逐渐成熟｜认真研究｜试探地敲打｜一个个地清洗。状语和心语之间有时用“de”，书面上写作“地”。

副词的使用，可以帮助辨认状语。副词具有纯状语性，如果状语由别类词语充当，为了验证其状语身份，可以再增添一个副词状语。如：认真研究，试探地敲打，一个个地清洗→正在认真研究，一再试探地敲打，一个个地全都清洗。句法位置，也可以帮助辨认状语。由于“X（地）Y”格式整个儿具有谓词性质，因而它们通常被配置在谓语位置之上。比较：他们一个个都在讨好 de 微笑。｜站在长官面前,他们全都露出了讨好 de 微笑。——同是“讨好 de 微笑”,前一句里用在谓语位置上,是状心格局,“讨好”是状语,书面上可写作“讨好地微笑”;后一句里用作“露出了”的宾语,是定心格局,“讨好”是定语,书面上应写作“讨好的微笑”。

根据语义和语词性质,状语大体可以分为两大类:[1]状况类状语——表示跟心语行为性状有关的状况。主要包括性状状语、势态状语、程度状语、否定状语、因由状语、关涉状语和语气状语。[2]物体类状语——表示跟心语行为性状有关的时间、方所、数量以及人和事物等。主要包括时地状语、数量状语和事物状语。

49. 对状心语情况如何?

在结构上,对状心语可以是词,也可以是短语。如:好说!|别紧张!|永远团结奋进!|确实宽敞明亮!

在性质上,对状心语一般是动词性词语或者形容词性词语。因此.状语通常被定义为动词形容词的修饰成分。但是,对状心语也可以用名词或名词结构。如:(今天)才星期三?|(我)就这么一个问题!——前一例,“星期三”是时间名词;后一例,“这么一个问题”是定名结构。这表明,“状心结构”的覆盖面大于“状+动”和“状+形”;这又表明,修饰名词或名词结构的成分不一定是定语。

凡是“状+名”的结构,都出现在谓语的位置上,对主语事物起述说作用,整个结构属于谓词性结构。因此,“才星期三”之类结构里的状语,仍然可以说是谓词性结构里心语前边起修饰作用的成分。

50. 性状状语、势态状语、程度状语和否定状语是什么样的状语?

这几类都是状况类状语。

性状状语表示某种性质或状态。意义较为实在,往往由形容词和形容词结构充当,有时也由动词和动词结构充当。状心之间常用"地"。如:正确地反映情况 | 安安静静地坐着 | 赞许地笑 | 不吃不喝地躺着。当心语是形容词的时候,充当状语的一般是"像X一般"之类比况结构。如:像鲜花一样艳丽 | 跟豺狼似的凶残。

势态状语表示范围、频率或类同关系。意义比较虚灵,一般由副词充当,状心之间一般不用"地"。如:都打扫 | 都健康 | 只装修 | 又迟到 | 再检验 | 一再审问 | 也出卖 | 也便宜。其心语有时也可以是名词或数量结构。如:(园子里)净杂草 | (本学期的课程)仅两门。

程度状语表示程度。通常由程度副词充当。如:很聪明 | 非常宝贵 | 特别凶残 | 过分艳丽。少数几个形容词,在用来充当形容词的状语时,也表示程度。如:出奇地漂亮 | 惊人地灵活 | 意外地坦诚。

否定状语表示否定。充当否定状语的是"不、没、不必、未必"等副词。如:不报考 | 不灵活 | 没有录取 | 未必暖和。

51. 因由状语、关涉状语和语气状语是什么样的状语?

这几类也是状况类状语。

因由状语表示原因、理据或目的。由“由于、根据、为了”等介词结构充当。如:(会议)由于各种原因而推延|(本文)根据真人真事写成|(大家)都为这件事高兴。

关涉状语表示关涉到的对象。通常由“把、对、向、比、跟、关于”等介词结构充当。如:把他开除|对国家有利|向敌人开火|比画上的漂亮|跟外商谈判|关于这件事已有许多传说。

语气状语表示某种语气。所表示的语气,包括实然语气、概然语气、意测语气、逆反语气、叮咛语气、反问语气等。常用“一定、肯定、确实、的确、也许、大概、大约、果然、居然、竟然、幸亏、原来、偏偏、反倒、简直、几乎、索性、反正、不妨、务必、难道、到底、究竟、何必、何尝”等充当,大多数是副词。如:的确好看|也许有利|果然精彩|偏偏反对|务必小心|到底怎样。

52. 时地状语、数量状语和事物状语是什么样的状语?

这几类都是物体类状语。

时地状语表示时间方所。由时间义或方所义的名词、副词或短语充当。如:下午到达|正在休息|在学成之后回国|法庭见|屋里请|沿着河边走。

数量状语表示动量和重复的物量。由数量词充当。如:一下抓住|两次报考|两个两个地进去|(辣椒)一串串地挂着。数量词重叠式在主语和状语的位置上都可以出现,二者的区别在于:作状语时表示“逐次”或“分列”,后边用“地”或可以加上“地”;作主语时表示“每”,常跟“都”呼应使用。如:一个个都没气了?(作主语)

事物状语表示跟心语行为相关的人或事物。如:(我)贫农出身|(他)(天天)香蕉苹果地吃。这类状语由名词或名词结构充当,有的带“地”,有的不带“地”,但有一个共同点,这就是:前头可以补出跟心语相配的主语。如上例里“出身”的主语是“我”,“吃”的主语是“他”。

53. 不同类型的状语如何排列位序?

不同类型的状语有时同时使用,形成多状同现现象。其排列位序,大体上是:因由—时地—语气—虚灵势态—否定—实义性状—关涉—数量。

有的不同类型的状语,排列位序受到强制。比方,表示时间的状语和表示性状的状语同现,表示性状的状语一定在后边,如:明天仔细看看;又比方,表示范围的“都”和表示程度的“很”同时出现,“很”一定用在后边,如:都很宽敞明亮。

大多数不同类型的状语,排列位序具有灵活性。由于位序不同,表意也有所不同:或者存在细微差异,或者区别较大。如:在海边高兴地玩耍|高兴地在海边玩耍——表意略有不同,前者先着眼于方所,后者先着眼于性状。又如:十分不信任|不十分信任——表意有较大的不同,前者是根本不信任,后者是有限度地信任。

54. 多项状语同心语之间的层次关系是怎样的?

讨论不同类型状语排列位序,是把心语看作一个不变单位,并且把不同类型的状语分别开来观察它们同心语的关系。如果从层次关系上来分析状语和心语，那么，应该明确：第一，在一个包含多项状语的复杂的状心结构中，心语是一个可变单位，时小时大。第二，在这种复杂的状心结构里，不同类型的状语不是处于同一层次之上：最前边的状语修饰它后边的“状语＋心语”，即后边的“状语＋心语”整个儿是它的心语。如“（李校长）上午在小礼堂跟全体代表一一握手”：

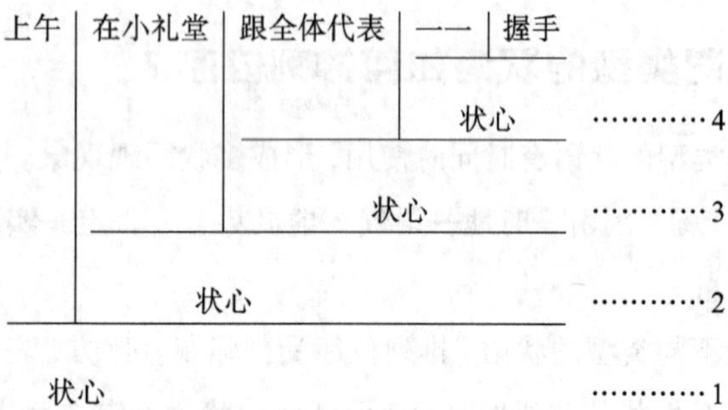

55. 什么是补语？怎样分类？心语情况如何？

补语是谓词性结构里心语后边起补充作用的成分。如：推得倒｜红得发紫｜走进来｜痛苦万分。心语和补语之间有时出现“得”(de)。“心得补”格局的形成，往往跟补语语义类型和补语结构情况都有关系。

根据语义和语词性质，补语大体可以分为两大类：[1]状况类补语——表示跟心语行为性状有关的状况，主要包括结果补语、趋向补语、可能补语、程度补语和评判补语；[2]物体类补语——表示跟心语行为性状有关的时间、方所、数量和对象、方式等，主要包括时地补语、数量补语和关系补语。

对补心语通常是动词或形容词。如：打起来｜逐渐清晰起来。对补心语也可以是动词短语或形容词短语，不过比较少见：孟一夫把谭光拽下床，拳打脚踢起来。（崔亚斌《白狼》）｜过去的年龄所无法感知的事情，逐渐清晰和明朗起来。（张廷竹《黄土已远，近草更绿》）

由于补语通常跟动词、形容词发生关系，因此通常被定义为动词、形容词的补充成分。

56. 结果补语和趋向补语是什么样的补语？

这两类都是状况类补语。

结果补语表示行为性状所导致的状态或状况。如果以 XY 分别代表心语和补语，那么二者的语义关系是：Y 是 X 所导致的结果。二者之间有时不用“得”，但可以添加“得”。如：小树长高了—小树长得很高了｜姑妈急哭了—姑妈急得哭了。有的结果补语前头用“个”或“得个”。如：把敌人打个／得个落花流水（= 打得落花流水）。

趋向补语表示发展变化的趋向或趋势。如果以 XY 分别代表心语和补语，那么二者的语义关系是：Y 是 X 的趋向或趋势。二者之间不用“得”。如：战士们冲过去了。｜新一代国产小轿车制造出来了。—— “过去”是“冲”的具体趋向，“出来”是“制造”的抽象趋势。这类补语由趋向动词充当，心语一般是动词，有时是形容词。带这类补语的形容词，是动态化用法；用作形容词补语的趋向动词，限于“起来、下去、下来”三个。如：天黑起来了。｜天黑下去了。｜天黑下来了。

57. 可能补语是什么样的补语？

可能补语也是状况类补语。

这类补语表示行为性状可能有的发展变化。如果以 XY 分别代表心语和补语,那么二者的语义关系是:能 XY,或者,不能 XY。如:听得懂—听不懂｜写得完—写不完｜提得起来—提不起来。

这类补语,跟结果补语、趋向补语之间可以进行有条件的转化。即不用“得”的结果补语和趋向补语,可以通过加“得”转化成为可能补语。如:推倒(结果补语)→推得倒(可能补语)｜平静下来(趋向补语)→平静得下来(可能补语)。

这类补语,有时跟结果补语采取同样的形式:说“写得好”,“好”可以指结果,也可以指可能。但是,它们的否定说法有所不同:如果是结果补语,否定说法是“写得不好”;如果是可能补语,否定说法是“写不好”。一个采用肯定形式的说法,到底表示结果还是表示可能,要在特定语境中判别。

有的可能补语,是简单可能补语。如:吃得!｜吃不得!｜看得!｜看不得!在结构上,心补采取“X得”和“X不得”的形式,其中的“得”不是结构助词,“得”“不得”本身就是补语;在关系上,补语是对心语可能性的全面肯定或否定:“吃得”是对吃的可能性的全面肯定;“吃不得”是对吃的可能性的全面否定。

58. 程度补语和评判补语是什么样的补语？

这两类也是状况类补语。

程度补语表示心语行为性状的程度。如果以 XY 分别代表心语

和补语，那么二者的语义关系是：X 达到了 Y 的程度。如：这东西酸极了。| 这盘菜辣得不能再辣了。心语一般是形容词，也可以是心理活动动词和比似动词“像”。充当程度补语的词语有三类：[1]程度副词“很、极、透、万分”等。只有用“很”作补语时前面要求用“得”。如：辛苦得很 | 羡慕极了。[2]形容词“出奇”。要求用“得”。如：红得出奇 | 像得出奇。[3]谓词性结构“不得了、要死、要命、不行、不能再 X 了”等。如：严肃得不得了 | 喜欢得要命 | 像得不能再像了。

评判补语表示对心语行为性状的评议和判断。如果以 XY 分别代表心语和补语，那么二者的语义关系是：Y 评判 X 为怎么样。Y 反映说话人的心理感受。如：起得很早 | 睡得很晚 | 来得正是时候。其心语有时可以是形容词：绿得可爱 | 得意得太早 | 糊涂得可以。心补之间要求用“得”，有时也用“个”或“得个”：笑个不停 | 闹个没完没了。这类补语不同于结果补语，不能说成 X 的结果是 Y；这类补语也不同于程度补语，尽管它包含有程度因素，但又有特定的评议内涵。

59. 时地补语、数量补语和关系补语是什么样的补语？

这三类都是物体类补语。

时地补语表示行为所涉及的时间位置或方所位置。如：奋斗挣扎到天明 | 贴个条子在门口。时地补语由表示方所时间意义的介词结构充当。不过，介词结构用在动词后边时，介词有缀向动词的倾向。这一点在讲介词结构时再讨论。

数量补语表示行为性状的动量、时量或升降段量。如果以XY分别代表心语和补语，那么二者的语义关系是：Y是X相关的量。如：看了三遍｜住了三天｜重了三斤。数量补语不同于数量宾语。比较：肉包子我吃了两回。｜肉包子我吃了两斤。——“两回”是补语，“两斤”是宾语。不同之处在于：第一，作补语的是动量词结构，作宾语的是物量词结构。第二，作宾语的物量词结构可以跟名词一起组成“数量名”结构，并且可以一起用在句子的其他地方，作补语的动量结构不能这么办。比如可以说“我把两斤肉包子全吃了”，但不能说“我把两回肉包子全吃了”。

关系补语表示跟心语行为相关的对象或方式。如：求助于他｜代之以符合中国国情的做法。这类补语由介词结构“于X”“以X”充当，带这类补语的句子有文言味，书面语色彩较浓。

60. 补语和宾语的位序关系如何？

动词后边可以出现两种成分：宾语和补语。当这两种成分同时出现的时候，存在孰先孰后的位序关系问题。大体说来，有三种情况：[1]补前宾后；[2]宾前补后；[3]补宾位置灵活。如：

a. 写好一篇文章→？写一篇文章好

b. 写不好文章→？写文章不好

c. 找过他两次→？找过两次他

d. 考两次大学→考大学两次

上例表明，补宾位序的安排取决于多方面的因素。有时取决于补语的类型。结果补语和可能补语要求紧跟动词，如果移到宾语后边就会改变原意（a和b）。有时取决于词性及音节。代词，特别是单音节代词，要求紧跟动词(c)；双音节名词，位置可以灵活(d)。

动词后边如果出现宾语和表示复合趋向的补语，宾语的位次涉及三种情况。例如：

a. 大伯拖过来一袋米　大伯拖一袋米过来　大伯拖过一袋米来

b. 对面扑过来一条狼　*对面扑一条狼过来　对面扑过一条狼来

c. *汽车冲过来一号楼　*汽车冲一号楼过来　汽车冲过一号楼来

比较可知，复合趋向补语跟宾语的位序安排同样取决于多方面的因素。如果宾语是由物体名词充当的受事宾语，三个位置都能出现(a)；如果宾语是施事性存现宾语，一般只能出现在两个位置(b)；如果宾语是处所宾语，一般只能出现在一个位置(c)。

61. “动词+补语”跟宾语的语义关系如何？

“动词+补语”后边如果出现宾语，在语义关系上有三种情况：[1]宾语跟动词和补语都有关系；[2]宾语只跟动词有关系而跟补语没有关系；[3]宾语只跟补语有关系而跟动词没有关系。比较：

她揉肿了眼睛。(“眼睛”和“揉”“肿”都有关系)

她蒙上了眼睛。(“眼睛”只跟“蒙”有关系，跟“上”没有关系)

她哭红了眼睛。(“眼睛”只跟“红”有关系，跟“哭”没有关系)

不管“动词+补语”跟宾语的语义联系如何，都可以认为该宾语在句法上是整个动补结构的宾语，不必认为“哭红了眼睛”之类格式里“哭”是心语而“红了眼睛”是补语。这是因为，所有“动补

+宾语”在语法格式的变换上具有同一性。比方上面三个例子，它们都能变换为“把”字句：

你看，她把眼睛揉肿了。

你看，她把眼睛蒙上了。

你看，她把眼睛哭红了。

62. 怎样理解主谓位序的异变？

主前谓后，这是主语和谓语的正常位序。由于语用的需要，让谓语出现在主语的前边，这就形成谓前主后的位序异变现象。

在陈述句里，主谓位序异变是为了突出说话人陈述事实时的注重点。如：都过去了，那些可咒的岁月。|是瓦特发明的，蒸汽机。在感叹句里，主谓位序异变是为了突出说话人咏叹事物时的特殊感觉。如：太难了，你出的题目！|好新鲜啊，这里的空气！在祈使句和疑问句里，主谓位序异变是为了突出说话人的要求或疑问。如：快走吧，你们！|贵不贵，你这件衣服？

主谓位序异变现象，在构造上有两个特点：第一，可以无条件地恢复顺置位序。如：都过去了，那些可咒的岁月。→那些可咒的岁月都过去了。第二，逆置的谓语和主语之间一般有比较明显的停顿，书面上用逗号隔开。也有停顿较短、不加逗号的，但逆置关系必须清楚。如：怎么啦你？|出来吧你们！——这两例没用逗号，但只能有主谓逆置的关系。又如：已经说完了，我的所有想法。|看，冲上来了，一员员虎将。——这两例的逆置关系在书面上由逗号来显示，如果不用逗号，说成“已经说完了我的所有想法”和“冲上来了一员员虎将”，都会形成动宾格局。

63. 怎样理解定心位序的异变？

定前心后，这是定语和心语的正常位序。有时，由于语用的需要，把定语倒置在心语后边，便形成“心语＋定语”的位序变异现象。如：击毁军车五辆｜打死敌人二十多名。表达中，有人说：“我算什么？我不过是笨蛋一个！”这样显得比“我不过是一个笨蛋”更有强调作用，而且更有幽默、讥讽之类的情味。

凡是后置的定语都可以自由地恢复成前置定语。如：击毁军车五辆→击毁五辆军车。但是，后置定语和前边的心语中间没有语音停顿，书面上不用任何标点符号。此外，后置定语限于数量定语，而且“心语＋定语”用于宾语部分。

有的成分不表示数量，尽管近似后置定语，但前边有明显停顿，书面上用了逗号，这样的成分可以处理为谓语。例如：来了一大群人，气势汹汹的。｜他手里拿着一个奖牌，金的！——前一例可以解释为：“来了一大群人，（这群人）气势汹汹的。”后一例可以解释为：“他手里拿着一个奖牌，（这个奖牌是）金的！”其中的“气势汹汹的”和“金的”都可以处理为后边分句的谓语。

有的表示数量的成分，如果紧跟主语出现，可以分析为谓语，也不作后置定语处理。比如：肥皂两块。｜晨曦绚丽，彩霞万朵。｜葡萄一串串。——“两块”“万朵”“一串串”都是谓语。

64. 怎样理解状心位序的异变？

状前心后，这是状语和心语的正常位序。由于语用的需要，把状语倒置在心语后边，便形成“心语＋状语”的位序异变。如：这叫声，留在堂林嫂心里，永远永远。（艾之明《火种》）｜我漫步着，漫步着，在这少有的寂寞里。（鲁迅《秋夜》）｜在硝烟弥漫的岁月里，他慢慢成长了，从班长、排长到连长。（武剑青《云飞嶂》）

凡是后置的状语，都可以自由地恢复为前置的状语。如：这叫声，留在堂林嫂心里，永远永远。→这叫声，永远永远留在堂林嫂心里。

凡是后置的状语，前边一定有停顿将它同心语隔开，书面上一般是用逗号。如果不用逗号之类，不是后置状语。比方，“极好”中“极”是状语，“好极”中“极”是补语而不是后置状语。

使用后置状语的通常是陈述句，但也有其他语气类型的句子。如：祝福吧，为那些平凡的妻子和母亲。（艾之明《火种》）｜（那首唱遍世界的歌……）谁不喜欢呢？从心里，从灵魂深处。（吴伯箫《歌声》）——前一例是祈使句，后一例是反问句。

65. 句子成分在什么条件下可以简省？简省的主要类型有哪些？

在依赖语境可以补足的条件下，句子成分可以有所简省。所谓“语境”，包括对话和上下文。有的句子，孤立看成分不齐备，但有了语境的补足，便可以成活，能够有效表述意旨。比方，孤立地看“我不是”，缺个判断宾语，意思不清；如果出现在特定语境之中，情况便不同。如：[对话]甲：你是他的同伙？乙：我不是。（=我不是他的同伙。）｜[上下文]我父亲是公司董事长，可我不是！（=我不是公司董事长！）

成分简省的主要类型有三种：

[1]受结构制约的简省。简省的内容可以由语境而意会，但不

能直接在句子中补出。使用范围较窄，只见于“尚且……何况……”之类句式。若要把简省的内容补出，就必须改写“何况……”部分。如：连一只兔子都没看到，何况熊猫？→连一只兔子都没看到，熊猫更看不到了。

[2]为避免重复的简省。简省的内容可以根据语境而在句子中补出。包括：① 对话简省。某成分因对方话语可以补足而简省。如：“书记他们呢？”“都上堤啦！”(=“书记他们到哪儿去了呢？”“书记他们都上堤啦！”)② 承前简省。后句某成分因前句已出现而简省。如：他很聪明，我却不大喜欢。(=他很聪明，我却不大喜欢他。)③ 蒙后简省。前句某成分因后句将出现而简省。如：收你的礼，我不舒服。(=我收你的礼，我不舒服。)｜不光孩子，连大人都乏呀！(=不光孩子乏，连大人都乏呀！)此外，有时可以大幅度地简省。如：[甲]你打算什么时候走？[乙]马上。

[3]造成意会性主语空位的简省。指的是：两个分句连用，后分句主语留有空位，其内容可以意会到就是前分句内容。如：如果你不去，将会引起不良后果。——“如果你不去”是假设分句，结果分句不出现主语，其主语可以意会到也是“你不去”。这是一种特殊的主语意会简省。如果后分句一定要补出主语，那么，只能补上纯语法主语“这”或“那”，如：如果你不去，这将会引起不良后果。

66. 哪些句子成分可以简省？

如果换一个角度来观察简省现象，可以知道：除了大幅度的简省，就一个一个句子成分而言，下列成分借助语境可以简省。

[1]主语。主语简省的现象很常见。如：“你去不去？”“[ ]不

去！”（对话简省）又如：他很聪明，但[ ]不大努力。（承前简省）[ ]这么做，你不感到羞耻吗？（蒙后简省）

[2]宾语。宾语简省现象有时可以看到。如：“你考不考体校？”“我不考[ ]。”（对话简省）又如：他很聪明，但我不大喜欢[ ]。（承前简省）我要写[ ]，写这里的山，写这里的水，写这里的纯朴的人！（蒙后简省）

[3]谓语。谓语简省现象有时也可以看到。如：“你爸爸[ ]呢？”（对话简省）又如：不光孩子[ ]，连大人都乏呀！（蒙后简省）连一只兔子都没看到，何况熊猫？（受结构制约的简省）

[4]补语。补语简省现象在某种特定句式中可以看到。如：看你累得[ ]！

67. 成分共用是什么样的现象？跟成分简省、成分扣合的关系如何？

成分共用是成分关系中“二共一”的句法现象。如：同伴劝我甚至要推我下水。（= 劝我下水 + 甚至要推我下水）——“劝我”和“（甚至）要推我”共用“下水”。

成分共用实际上还是成分简省。不过，成分简省一般用来专指甲乙两句相对待的简省现象，而成分共用则用来专指一个句子中成分凝合而成的“共用”现象。如：我们看重理论，正是，也仅仅足，因为它能够指导行动。（= 正是因为它能够指导行动 + 也仅仅是因为它能够指导行动）——在断定原因时，“正是”和“也仅仅是”共用“因为它能够指导行动”。

成分共用实际上也是成分扣合。不过，成分扣合一般用来专指甲乙配对成分有所扣合，属于常规说法；成分共用则突破了主谓和动宾相扣合、状心和动宾相扣合等的界限，情况更为复杂多样，同语用需要的联系更为明显。如：他们是否愿意和是否能够成为我们的朋友？(=是否愿意成为我们的朋友+是否能够成为我们的朋友）——“是否愿意”和“是否能够”共用“成为我们的朋友”，显然已经不是配对成分之间的问题。从结构关系看，这一句法可以认为是成分扣合的发展和扩大。这是一种可以增强语言表达的经济凝练的有用句法。这种句法大量进入现代汉语书面语，并且得到发展，跟“五四”以后翻译外语作品有关。

68. 句子成分分析的操作程序如何？

句子成分分析，指的是通过句子分析明确一个个具体句子所包含的主谓宾定状补等成分。其基本操作程序，有三步：[1]划主谓；[2]抓主动宾；[3]找定状补。

第一步是划主谓。小句一般都是主谓句，分析句子成分时首先要把主语谓语两个部分划分开来。可以用符号和文字加以标注。例如：

弟弟‖厚道。
主　　谓

通过划主谓，也可以知道有的小句找不到主语或谓语，是非主谓句。

第二步是抓主动宾。小句的谓语部分里若用动词，这个动词往往带宾语。这时，在划开主谓之后，需要在谓语部分找出动宾，从而明确句子的主动宾格局。也可以用符号和文字加以标注。例如：

弟弟‖看小说。
主　谓
　　动宾

第三步是找定状补。就一般情况而言，一个小句的主语和谓语内部，或者动语和宾语内部，都可能包含有定语和心语，状语和心语，或者心语和补语。这样，在明确主动宾之后，还需要进一步找出定状补及其心语。也可以用符号和文字加以标注。例如：

我的弟弟‖已经看得懂英文小说。
主　谓
定心　动　宾
　　状 心 补　定心

69. 怎样看待和描述句子成分的组合层次？

汉语句子成分的组合通常具有层次性，但有时由于相互扣合，层次关系呈现模糊状态。因此，分析结构格局时既要有层次观，又要采取灵活的做法，在某种情况下可以重在描述成分间的语义关系，不必死扣层次切分。

比方对待“兼语式”，不必硬分层次。如“请他们进来”，既不好切成“请 | 他们进来”，也不好切成“请他们 | 进来”，只要指出“他们”是兼语即可。

又比方对待“双宾式”，也不必硬分层次。如“给他们奖金”，既不好切成“给 | 他们奖金”，也不好切成“给他们 | 奖金”，只要指出“他们”和“奖金”是双宾语即可。

再比方对待“(我)找得你好苦”这样的格局，更难于硬分层次，因为“找”后边的“得”是补语的标志，然而不能认为“你好苦”是个补语。在这种情况下，应从语义关系上指出这是由“找你”和“找得好苦”扣合而成的特殊格式。

70. 状语后边是动宾结构时如何分析？

“状语＋动宾结构”，其中的动宾结构往往可以整个儿分析为对状心语。如：“热心地帮助邻居”，“热心（地）”是状语，“帮助邻居”是心语。

不过有两种情况例外：

［1］“状·动·宾”中，状语是单音形容词，后边是单音动词，二者形成双音节的一个单位。如“紧闭眼睛”。这时，要切分为“紧闭｜眼睛”，即认为“眼睛”是宾语，“紧闭”是状心结构作动语，而不好切分为“紧｜闭眼睛”。

［2］“状·动·宾”中，状语是“不”字。如：“不知道他的电话号码”。这时，切分为“不知道｜他的电话号码”更合理。这是因为，“不”加于动词，形成动词的否定形式，在正反选择问里肯定形式和否定形式可以形成对立：“知道不知道他的电话号码？”

由于情况并不单纯，在遇到状语后边是动宾结构时，可以笼统地指出这是个“状·动·宾”组合。如果一定要二分，许多时候可以切分为“状｜心（动宾）”，有的时候可以切分为“动（状心）｜宾”。

71. 状语后边是心补结构时如何分析？

“状语＋心补结构”，其中的心补结构往往可以整个儿分析为对状心语。如：“安静地休养几个月”，可以切分为“安静地｜休养几个月”，即认为“安静（地）”是状语，心补结构“休养几个月”是心语。

但是，如果状语由单音形容词充当，后边是单音动词，“状+动”形成双音节的一个组合单位，那么，切分为“状动｜补”更为合理。如“静养几个月”，应该切分为“静养｜几个月”，即认为“几个月”是补语，“静养”是由状心结构充当的心语。假若切分为“静｜养几个月”，不够顺当。

由于情况并不单纯，在遇到状语后边是动补结构时，可以笼统地指出这是个“状·动·补”组合。如果一定要二分，许多时候可以切分为“状｜心（动补）”，有的时候可以切分为“动（状心）｜补”。

72. 状语后边是主谓结构时如何分析？

状语有时出现在“主语+谓语”的前边，位居句首。这样的用法，往往有其特殊需要：有时，是为了强调状语的意义；有时，是为了更好地承接上文；有时，是因为它在语义关系上同时修饰后边的两个或几个主谓结构。

如果只看层次关系，可以认为句首状语是以一个或几个主谓结构作为心语。比如“明天你跟我通电话”，“明天”是状语，“你跟我通电话”整个儿是心语。

不过，从分析结果的明晰性上说，状语后边的“主语+谓语”可能很长很复杂，甚至可能是几个“主语+谓语”。如：“明天你跟我通电话，我再跟他通电话，由他把最后的处理意见告诉你。”要是把很复杂的一个乃至几个主谓结构一起分析为心语，不利于对句子意义的理解。

因此，在分析“状·主·谓”结构时，可以指出这是状语用在句首笼罩全句，它的后边是“主语＋谓语”。这样，既在语义关系上承认了句首状语的全句修饰语的作用，又便于显示汉语句子以主谓结构为主体的基本面貌。如：

明天你‖跟我通电话。
状主　　谓

73. 什么是独立语？有什么特点？

独立语是地位独立、位置灵活的成分。

这是配对成分之外的一类特殊成分，是为了适应语用需要而使用的。其基本特点，就表现在地位独立和位置灵活两个方面。所谓地位独立，是说它不跟别的成分发生结构关系，“独来独往”；所谓位置灵活，是说它在句子的结构配置中可以比较自由地安放，不受拘束。

假若用S代表主语，用VP代表谓语，用X代表独立语，那么，典型的独立语有三个安放位置：

①X，SVP。——X在句首。如：咳，这家伙又熬夜了！

②S，X，VP。——X在句中。如：这家伙，咳，又熬夜了！

③SVP，X。——X在句末。如：这家伙又熬夜了，咳！

74. 独立语有哪些类型？

根据出现位置，结合表意情况，独立语可以分为以下几类。

[1]典型独立语：可游移于前中后三个位置。主要包括：①提

醒性的。如：您看，那个人是不是有点可疑？→那个人，您看，是不是有点可疑？→那个人是不是有点可疑，您看？② 评论性的。如：严格地说，这种人不能算是学者。→这种人，严格地说，不能算是学者。→这种人不能算是学者，严格地说。③ 音像性的。如：哼，你小子还好意思要奖金！→你小子，哼，还好意思要奖金！→你小子还好意思要奖金，哼！④ 招呼性的。如：队长，这件事让我来处理！→这件事，队长，让我来处理！→这件事让我来处理，队长！

［2］例释独立语：可游移于中后两个位置。这是因为，这类独立语针对事物提出例释，不可能先于事物而出现。如：有的理事，比如张星，很不以为然。→有的理事很不以为然，比如张星。

［3］接句独立语：用于句与句之间起关联作用。这类独立语，如“总而言之”“这就是说”“换句话讲”之类，不属于某个小句，不跟小句中某个成分发生结构关系，但由于它们起的是承接上句引出下句的作用，因而位置相对固定。

［4］口头禅独立语：位置特别灵活，简直任何地方都可以出现。如“他妈的”“这个这个”之类：“我什么时候他妈的请过你他妈的哥哥？”“有的理事，这个这个很不这个这个以为然。”

75．什么是外位语？有什么特点？

外位语是位于句外、内有称代的成分。

这是为了适应语用需要而使用的另一类特殊成分。其基本特点，表现在三个方面：

［1］位于句外。它用在本位句外头，跟本位句之间有语音停顿，书面上用逗号隔开。如：这小子，他的胆子可真大！

［2］内有称代。它虽然用在本位句外头，但本位句内部有一个代词或名词性词语称代它，它可以代入称代词语的位置。如：这小子，他的胆子可真大！→这小子的胆子可真大！

［3］不能居中。有的外位语可以在本位句前后移动，如：这小子，他的胆子可真大！→他的胆子可真大，这小子！但是，跟独立语不同，外位语不能插入在本位句中间。

76. 外位语有哪些类型？

根据出现位置，外位语可以分为两类：

［1］前外位语。用于本位句前头，句内称代词语可以出现一次，也可以出现多次。如：这碗酒，你把它喝下去！（京剧《红灯记》）｜我们的部队，我们的战士，我觉得他们是最可爱的人。（魏巍《谁是最可爱的人》）｜可爱而又可怜的谢惠敏啊，她单纯地崇敬一切用铅字新排印出来的东西，而在“四人帮”控制舆论工具的那几年里，她用虔诚的态度拜读的报纸刊物上，充塞着多少他们的“帮文”，喷溅出多少残害青少年的毒汁啊！（刘心武《班主任》）

［2］后外位语。用于本位句后头，句内称代词语可以出现一次，也可以出现多次。如：什么都有：稻鸡、鹁鸪、蓝背……（鲁迅《故乡》）｜我们这里什么人没有啊：科学家、艺术家，还有劳动模范。（乔雪竹《“杰出”人物》）｜芩芩觉得自己突然与他生疏了，陌生得好像根本不认识他了，这个恋爱一年已经成为她未婚夫的人。（张抗抗《北极光》）

77. 什么是黏合成分？有些什么情况？

除了配对成分和特殊成分，句子里还有一些起黏合作用的成分，统称“黏合成分”。包括：结构助词，时态助词，表数助词，语气助词，连词，等等。

有的黏合成分重在“黏”。它们黏附在某个语法单位后边，表示某种语法意义。所黏附的语法单位，或者表现为小句，或者表现为一个成分，或者表现为一个词语。比如：他走了吗？（黏附于小句）｜哗啦啦地飘（黏附于状语）｜慰问并帮助了（黏附于短语）。

有的黏合成分重在“合”。它们把甲乙语法单位组合起来，在二者之间表示某种语法关系。所组合的语法单位，或者表现为小句和小句，或者表现为成分和成分，或者表现为词语和词语。如：因为大家都反对，所以我不能签字。（组合小句）｜为实现现代化而努力（组合状语和心语）｜老师和同学（组合两个词）。

有的黏合成分很难说是重在“黏”还是重在“合”。如：分析得很对。——心语和补语中间的“得”，既可以认为黏附于心语，也可以认为用在心语和补语之间起组合作用。

分析句子时，黏合成分被当成辅助性语法成分，不作为句子成分来分析。

78. 句子成分运用中常见什么偏误？

大体说，表现为五个方面：

[1]搭配不拢。即成分与成分胡乱搭配。如：她的脸色阴沉沉地绷着。｜大家正在热火朝天地学习着。——前一例主谓搭配不拢，

“她的脸色”应改为“她的脸”；后一例状心搭配不拢，“热火朝天”应改为“认真刻苦”之类。

[2]并列失应。即并列项跟相关的成分有失照应。如：他设计的草图竟被印制成十分粗糙的集邮品甚至是工厂产品上。——“印制成”的后边出现了两个列举项，一个是“十分粗糙的集邮品”，另一个是“(甚至是)工厂产品上”。“被印制成十分粗糙的集邮品”可以说，“被印制成工厂产品上”却不能说。应该改为：“他设计的草图竟被印制成十分粗糙的集邮品，甚至被印制到工厂产品上。”

[3]位序不当。即成分的位序安排不当。如：外公家很穷，七岁的母亲被迫卖给了戏班子。——不能说“七岁的母亲”，应改为：……母亲七岁时……。

[4]成分残缺或多余。即缺少了必要的成分，或者出现了多余的成分。如：这一期我们发表了讨论邓军的小说《虎山行》和李河的杂文《路旁小草》。|为什么允许这种人可以有进出的自由？——前一例缺少一个必要的成分，应说成：……发表了……的文章；后一例存在多余成分，应删去“可以”。

[5]结构纠缠。即甲乙两个结构纠缠在了一起。如：这种慷慨悲歌的壮举的背面，还是自信心不足的表现。——要么说“这种慷慨悲歌的壮举的背面，还是自信心不足”，否则应该说“这种慷慨悲歌的壮举，还是自信心不足的表现”。

词　　类

79. 汉语语法系统中的词有哪些种类？

汉语语法系统中的词有三种十一类。即：

[1]成分词——能单独充当句子成分。包括：

(1)名词

(2)动词

(3)形容词

(4)副词

[2]特殊成分词——能单独充当句子成分，但具有特殊性。包括：

(5)数词

(6)量词

(7)代词

(8)拟音词

[3]非成分词——不能单独充当句子成分。包括：

(9)介词

(10)连词

(11)助词

80. 什么是名词？语法上有什么特点？

名词是表示人物时地的词。其基本语法特点，表现在以下两个方面。

[1]在组合能力上，许多名词能受数量词的修饰，全部名词排斥跟“不”字的组合。如：来宾→四位来宾—*不来宾｜汽车→三辆汽车→*不汽车｜中午→一个中午—*不中午｜书房→两间书房—*不书房。所谓排斥跟“不”字的组合，指的是单独一个名词不能跟“不”字结合。“不人不鬼”这样的说法不算，因为不能单独说“不人”和“不鬼”；“我们俩不一个想法”这样的说法也不算，因为不能单独说“不想法”。

[2]在句法功能上，名词以能够充当主语宾语为必要条件。这是一种“无之必不然”的条件。就是说，能够充当主语宾语的词不一定是名词，但根本不能充当主语或宾语的词肯定不是名词。如：来宾就座。—未请来宾。｜汽车坏了。—谁开汽车？｜中午不冷。—刚过中午。｜书房太小。—请进书房。介词的后置成分，类似宾语，名词也经常充当这种成分。如：对来宾要客气！｜把汽车开过来！｜到中午再休息！｜往书房搬！假设有这么个判断：“作品”“产品”“出品”都是名词。可以检验一下：中国作品大受欢迎。—中国产品大受欢迎。—*中国出品大受欢迎。｜我们要买中国作品。—我们要买中国产品。—*我们要买中国出品。——检验可知，“出品”不具备充当主语宾语的功能，不可能是名词。

81. 名词有哪些类型？

名词有三类：人物名词、时间名词和方所名词。

[1]人物名词——表示人或事物。如：来宾丨汽车。这是一类典型的名词，一般能受数量词的修饰。也有不能或在通常情况下不能跟数量词组合的，比如“马匹”和“鲁迅”，这是由于受到本身语义内容的限制。

从句法功能看：①经常充当主语、宾语和介词后置成分。如：大妈把借款买了化肥。②也经常充当定语，表示领有、材料或属性。如：鲁迅作品丨檀木作品丨文艺作品。③少数还可以充当状语和谓语。充当状语的，或者表示某种性质，或者表示某种出身或经历，如：要历史地评价古人丨我工人出身，本科毕业；充当谓语的，主要表示姓名或身份，如：我李华，她秘书。

[2]时间名词——表示时间概念。如：现在丨中午丨刚才丨片刻。这类名词跟数量词组合的能力较差。若跟数量词组合，偏重于强调事物性的一面，如：两个中午丨三个夜晚。

从句法功能看：①充当状语的能力很强。如：今天走。②也经常充当定语和介词后置成分。如：昨天的报纸丨从明天开始。③也可以充当谓语，表示日期或天气：明天星期日，今天晴天。④还可以充当主语，这时句子表示变易、承受、判断、描写、存现等意义。如：假日快到了。（变易）丨假日也可以利用嘛！（承受）丨假日是干家务的时间。（判断）丨假日很清静。（描写）

[3]方所名词——表示处所和方位。处所指地点，方位指方向和关系位置。如：枣庄丨东边。这类名词跟数量词组合的能力较差。若跟数量词组合，偏重于强调事物性的一面，如：两个客厅丨三个剧场。

从句法功能看：①经常充当存现句主语、介词后置成分和定语。如：客厅摆满了新式家具丨往客厅搬丨客厅的地毯。②有时也充当状语，如：客厅坐｜北京见。③还可以在非存现句中充当主语，这时句子表示变易、承受、判断、描写等意义。如：客厅变了样了。（变易）｜客厅打扫干净了。（承受）｜客厅也是书房。（判断）｜客厅很宽敞。（描写）比较地说，方所名词的主语功能比时间名词强，状语功能要比时间名词弱。

82. 时间名词跟时点时段的关系如何？

时间名词，有的表示时点，所指时间具有定位性，指在时间序位中所占据的特定的点；有的表示时段，所指时间具有历程性，指在时间历程中所占据的特定的段。比如：刚才——这是时点，位置在说话前不久；｜片刻——这是时段，历程起码比一小时短比一秒钟长。点段的表示有时具有绝对性，但更多时候具有相对性。即是说：某个时间名词在甲语言环境中可能表示时点，在乙语言环境中可能表示时段，在丙语言环境中甚至似点似段，点段模糊。比如同是“春天”：我春天开了一次刀。（时点）｜我整个春天都住在乡下。（时段）｜春天，一个风和日丽的日子。陈教授家。（似点似段）

时点和时段的表达形式不限于时间名词。更多的时候，由时间短语表示。不管是词还是短语，时点和时段一般都没有明确的形式标志，语法环境的规约起着十分重要的作用。

83. 方所名词的“方”与“所”情况如何？

方所名词包括处所名词和方位名词。

处所名词有两类：[1]定域处所名词。如：海南省｜乐东县（地

区类处所)，图书馆|少林寺(楼馆类处所)，外交部|社科院(部门类处所)。[2]非定域处所名词。这类处所名词，以某一地点或某一事物为参照点，加上一个方位指示。它们所表示的辖域是不确定的，有时是十分模糊的。如：树上|门外。

方位名词，通常叫作方位词。从构成上看，有两类：[1]单音方位词。如：左|右。[2]复合方位词。如：底下|东边。这两类方位词都能受某些副词的修饰，这说明它们有不同于一般名词的特殊性，如：既不左也不右|最底下。从使用上看，方位词有两种情况：[1]单独使用。如：前有小河|后有青山|东头很热闹|西边在下雨。[2]黏附使用。即黏附在某个参照点后边，指示方位。如：树+上=树上|大门+外面=大门外面。黏合使用时，如果一起构成两个音节的单位，可以算是合成词，如："树上""门外"；如果一起构成多于两个音节的单位，可以算是方位短语，如："榕树上""大门外面"。

84. 单纯方位词有哪些？复合方位词是怎样构成的？

单纯方位词是一些单音节的方位词。有两类：[1]对照性的。共14个：上、下，左、右，东、西，南、北，前、后，外、里/内/中。[2]非对照性的。大约10个左右。如：旁、边、头、面、角、端、侧、底、间等。单纯方位词有的独用性很差，个别几乎没有独用性。如"头"，不能单独使用，只能黏附使用：橘子洲头。

复合方位词在单纯方位词的基础上构成。构成方式主要有四种：[1]方位中和式。如：上下、左右、前后、东西、南北、东南、西北、里外、内外、中间、底下、旁边。这一形式,少数有时用来表示概数,是方位作用的引申,如:五十岁上下,五十个左右。[2]方位限制式。如:上头、下头、南边、北边、里面、外面、东侧、西侧、左角、右角、边上等。[3]加“以、之”式。如:以上、以下、以北、以南、以内、以外、之上、之下、之东、之西、之前、之后、之外、之内、之中、之间等。近来有“以远”的说法(如武昌火车站规定“衡阳以远”才给买47次列车的票),这是个比照“以南”之类构成的特殊复合方位词。[4]加“一、两”式。如:一旁、两旁,一边、两边,一头、两头,一面、两面,一端、两端,一侧、两侧等。

85. 语法分析中名词语义特征的分析有何意义?

不同的名词有不同的语义,不同语义的名词往往引发不同的语法构造。介绍汉语语法知识,会涉及汉语语法的方方面面,但无论如何,都只能是“大而化之”“笼而统之”的解说。因此,对于跟名词有关的种种语法现象,必须重视名词语义特征的分析。不然,无法深入揭示有关的语法规律。比方说,“工人”和“男人”,“小伙子”和“小孩子”,“夫妻”和“兄弟”,它们都是人物名词,然而语法上却有不同的反映。如:工人了,要有组织纪律性!*男人了,要有组织纪律性!|小伙子了,还哭鼻子?*小孩子了,还哭鼻子?|夫妻了,还分那么清干什么??兄弟了,还分那么清干什么?——有的名词能进入“NP了”句式,有的名词不能。通过名词语义特征的分析,可以知道:进入这一句式的名词必须具有推移性。即名词所表示的概念是由相对的概念推移而来的,原来并非如此。工人由非工人推移而来,小伙子由儿童推移而来,夫妻由非夫妻推移而

来，因此“工人了”“小伙子了”“夫妻了”都能说。“男人”不是由什么人推移而来，“小孩子”不是由什么孩子推移而来，因此“男人了”“小孩子了”都不能说。如果本来就是亲兄弟，不能说“兄弟了”；只有由非兄弟推移成为兄弟，即拜把兄弟之类，才可以说“兄弟了”。这个规律，对于人物名词和时间名词、方所名词都适用。如：团长了，不严肃点行吗？（职务推移：连长→营长→团长）｜春天了，怎么还这么冷？（时点推移：秋天→冬天→春天）｜保定了，你要下车了吧？（地点推移：甲地→乙地→保定）

86. 什么是动词？语法上有什么特点？可以分为哪些类型？

动词是表示行为活动的词。其基本语法特点，表现为以下两点。

［1］在组合能力上，以能带宾语、能重叠表动量和能带“着、了、过”为最重要的充足条件。这需要分三点来说：① 能带上宾语的词，是动词。比如“听”“翻阅”：听音乐｜翻阅原件。② 能重叠起来表示动量的词，是动词。所谓动量，指的是“一下”之类意思。比如：让我拿回家去听听（听一下）｜请您翻阅翻阅（翻阅一下）。③ 能带上“着、了、过”的词，一般是动词。如：听着、听了、听过｜翻阅着、翻阅了、翻阅过。此外，动词能跟副词“不、都”等组合，通常不接受表物量数量词的修饰，这是这个词类跟名词恰好相反的地方。

［2］在句法功能上，以能够充当谓语或谓语中心为必要条件。这是一种“无之必不然”的条件。就是说，能够充当谓语或谓语中

心的词不一定是动词，但根本不能充当谓语或谓语中心的词肯定不是动词。

词类中，动词最为复杂。大体分，有六类。

[1]行为动词。指表示人物行为的动词。这是典型的动词，包括行为他动词和行为自动词两类。如“翻阅”是行为他动词，“睡觉”是行为自动词。

[2]心理动词。指表示人物心理活动的动词。包括情绪心理动词和感知心理动词两类。前者有褒贬情绪，如“爱、恨、喜欢、讨厌、羡慕、佩服”；后者无褒贬情绪，如“猜、料、感到、觉得、认为、知道”。

[3]历时动词。指跟时间历程有关的动词。如“开始、进行、继续、停止、结束”。

[4]断事动词。指表示是非、有无、像似等意义的动词。包括三小类：① 是非类。现代汉语里只有一个“是”。其否定形式是“非”，带文言色彩，通常只说“不是”。② 有无类。包括“有”和“没有”。动词“没有”可以替换为“无”，“无”带文言色彩。③ 像似类。包括“像、似、如”和双音节的“好像、犹如、有如、比如”等。

[5]使令动词。指表示命令或请求的动词，如“使、令、叫、请、教、让、迫使、逼使、命令、请求”。

[6]辅助动词。指用在动词前边后边起辅助作用的动词。包括能愿动词和趋向动词。如“可以爬过去”，“可以”是能愿动词，“过去”是趋向动词。

在六类动词里，行为动词和心理动词数量最多，所占比重最大。相对地说，历时动词、断事动词和辅助动词数量有限，容易全部列举，具有较大的封闭性。

87. 行为他动词和行为自动词有什么区别？

行为他动词和行为自动词之间没有绝对的明确的界限，但它们的典型功能是有区别的。主要看两点：

[1]双音节的，看能否带宾语。能带宾语，特别是能带名词宾语的，是他动词；根本不能带宾语的，是自动词。比如："翻阅""批评""打击""讨论"，能带名词宾语，是他动词；"睡觉""哭泣""咳嗽""游泳"，不能带宾语，是自动词。

[2]单音节的，看能带什么样的宾语。能带对象宾语或目标宾语的，是他动词；不能带对象宾语或目标宾语的，是自动词。如："烧"是他动词，可以带对象宾语和目标宾语：烧房子｜烧开水（当然也可以带"代体宾语"：烧煤球）；"睡、走、飘"之类是自动词，不能带对象宾语或目标宾语，它们如果带上宾语，也只是方所宾语或施事宾语：睡地板｜里屋睡人｜走大桥｜飘雪花。

88. 心理动词、历时动词、断事动词和使令动词各有什么特点？

心理动词的重要特点有二：[1]能带谓词性宾语。如：爱笑｜喜欢清静｜觉得可以干｜认为他很好。当然，这并不等于说它们不能带名词性宾语。如：爱花｜喜欢文学｜讨厌酒鬼。[2]有褒贬情绪的一类，不仅可以带宾语，还可以跟程度副词组合。如：很爱（他）｜十分讨厌（这种人）｜特别佩服（张老师）。心理动词实际上也是一种他动词，但语法上跟行为他动词有区别。

历时动词的重要特点有二：[1]其宾语由动词充当，不大可能由典型的名词充当。如：开始改革｜进行评定｜继续侦察｜停止销售｜结束答辩。[2]所带的动词宾语，跟心理动词所带的动词宾语有所不同：作宾语的动词前边可以自然地加上名词，“名+动”形成有体词性倾向结构。如：开始体制改革｜进行职称评定｜继续地形侦察｜停止鞭炮销售｜结束论文答辩。

断事动词的重要特点，是带名词宾语，动宾之间只有断事关系，没有施事、受事、用事等关系。断事动词中，“有”字如果采用然否相叠形式，可以说成“有没有”，有时也说成“有无”，可是不能说成“有不有”。

使令动词的重要特点是能够造成兼语式。如：虚心使人进步｜上级命令我们立即出发。

89. 动词重叠式表示什么意思？

动词重叠形式有三种：[1]AA式。这是一部分单音节动词的重叠方式。如：看→看看｜弹→弹弹。[2]ABAB式。这是一部分双音节动词的重叠方式。如：讨论→讨论讨论｜商量→商量商量。[3]AAB式。这是动宾式双音节动词可以采取的重叠方式。如：散步→散散步｜洗澡→洗洗澡。

不管具体形式如何，假若用V代表动词原形，用VV代表重叠式，那么，动词重叠式表示的意思，需要从动作时量、动作分量和说话口气三个角度来观察。

首先是动作时量。任何动作都跟时间过程相联系，都有一种时量。从这一角度看，VV表示V动作的“短摆”，即短暂性摆动，有“一下子”的意思。以“笑”来说，从理论上讲，它代表这一动作的全程，而一旦说成“笑笑”，便被短摆化，便从形式上标示出和认定了是笑的短暂性摆动。

其次是动作分量。任何动作的施行，都有一定的“分量”。从这一角度看，VV 表示 V 动作的轻化。以“笑”来说，它代表这一动作的全量，而一旦说成“笑笑”，便被轻化，便从形式上标示出和认定了对笑的全量的减轻。

再次是说话口气。对于动作的施行，说话人表述时在口气上带有某种主观认定的评估值。从这一角度看，VV 表示动作的随意。比如，当把“笑”的活动表述成“笑笑”的时候，说话人已经赋予了行为随便的评估语气。所谓“随意”，包括随便、活泛、松散、不经意、不正儿八经，如此等等，不一而足。所有这些，都是在具体的语用环境中显示出来的特定的语用价值。比如：偶尔有些闲着无事的官员到这儿下下象棋，打打扑克，跟诸葛小姐献献殷勤开开玩笑什么的。（陈国凯《当官》）这里连续使用了四个 VV，形象地摹写出那些“官员”不干实事，清闲无聊混日子的状态。诚然，严肃庄重的场合，沉稳凝重的场合，沉闷压抑的场合，不会采用这类说法。

总之，动词重叠式在时量上表示动作的短摆，在分量上表示动作的轻化，在说话口气上表示动作的随意。

顺带指出：有的动词，还能采用 AABB 的叠结形式，表示“不断交错反复”。如：说说笑笑｜走走停停｜打打闹闹｜上上下下。这不是一般的动词重叠形式。就原形而言，A 和 B 都是单音动词，比如“说”和“笑”、“走”和“停”、“打”和“闹”、“上”和“下”；就结果而言，整个 AABB 叠结形式浑然一体，共同表示 AB 行为的不断交错反复，如“说说笑笑”是说和笑不断交错反复，“上上下下”是上和下不断交错反复。这类叠结形式，是词和短语之间的特殊现象，可以看成短语词。

90. "V一V"同"VV"有什么不同？

从句法格局看，由于在小句中使用，受到特定的小句句法格局的规约，VV有时不大能嵌入"一"，或者倾向于不嵌入"一"。比方，"多VV"的格局，倾向于不嵌入"一"。例如：你再多看看还有什么没解决的关键问题？（不光《闯西南》）这里如果说成"你再多看一看……"，总觉得不如"你再多看看……"自然。

从表意关系看，在某些情况下，"VV"不大能嵌入"一"，或者倾向于不嵌入"一"。比方，VV有时在小句联结中参与构成"……又／再……"的连贯格局，有"V了V"的意思，若要在VV之间嵌字，更倾向于嵌"了"，而不大倾向于嵌"一"。例如：他看看草顶，又看看在门口转来转去的猪，……半晌才说："不错，真的不错。……"（阿城《棋王》）

通过句法格局和语义关系的考察，知道V一V同VV之间确实存在若干不同之处。但是，从全局看，二者的细微差异主要还是表现为在说话口气上有着不同的语用价值。VV是自由式，而V一V则是郑重式。有时用V一V，是为了郑重地强调有必要。例如：不是说，要致富，先修路么。他想把颍平的路好好修一修。（李佩甫《羊的门》）VV和V一V有时前后连用，先出现自由式，然后再来一个郑重式，可以使说话具有层次性，收到强调的语用效果。例如：你去查查，一定要去查一查！诗句里，在对仗工整的句子中，VV和V一V的使用往往受到音节的制约。节拍的需要，也是一种语用因素。但是，即使是节拍的需要，V一V还是要显得比VV更有强调作用。

值得注意："V 一 V"往往表示尚未实现的事，但并非全然如此。比如：陈医生见劳易民不耐烦地挥一挥手，就有些尴尬地笑了……（王海玲《带一笼活鸡来特区》）这里的"挥一挥手"是已经实现的动作。

91. 能愿动词是一类什么样的词？

能愿动词是用在动词或形容词前边表示可能性、必要性和意愿性的词。

能愿动词包括：[1]表示可能性的，如"能、会、能够、可能、可以"等；[2]表示必要性的，如"应、应该、应当、要"等；[3]表示意愿性的，如"愿、愿意、肯、敢、要"等。

跟趋向动词相对而言，能愿动词是一类"前辅助动词"，基本用途是同动词、形容词等组成能愿短语。如：可以讨论｜应该严肃。这类动词有时单用，但实际上是在特定语境中简省了后边的动词。如：谁能回答？我能[ ]！

跟一般动词相比较，能愿动词不仅能进入"X 不 X"的格式，而且能进入"不 X 不"的格式。如：能不能看？—不能不看！｜该不该答应？—不该不答应！｜敢不敢接受？—不敢不接受。

92. 趋向动词是一类什么样的词？

趋向动词是用在动词或形容词后边表示某种趋向的词。

跟能愿动词相对而言，这是一类"后辅助动词"。包括：[1]单纯趋向动词。其中，"来、去"为一组，表示以说话人位置为参照点的趋向，“上、下、进、出、回、过、开、起”为一组，表示以某种空间为参照点的趋向。[2]复合趋向动词。由“上”组趋向和“来”组趋向结合而成，如“上来、上去，下来、下去，进来、进去，出来、出去，回来、回去”等等。这类辅助动词的用途是充当趋向补语。如：跑来｜爬上｜走出去｜平静下来。

趋向动词全部可以单用。这时，它们除了具有趋向意义，在语法上已经成了一般的行为自动词或行为他动词。比如：明天来？（行为自动词）｜开门！（行为他动词）

作为一个术语，“趋向动词”有广义和狭义的区别。广义趋向动词，包括单用的和后附的两种；狭义趋向动词，专指充当补语的一类现象。在把趋向动词作为辅助动词来描述的时候，指的是狭义趋向动词。

93. 动词的句法功能如何？

动词最基本的功能是用于谓语部分，或者充当谓语，或者成为谓语中心。

少数动词能充当补语。双音的，似乎只有“发抖”一个：吓得发抖。单音的，主要有“死、活、走、跑、懂、丢、掉、翻、倒、见、到、成、作、为、住”等。如：打死｜救活｜寄走。“心・补”结合较紧的，可以看作短语词，如“打倒、推翻、看见、当成”之类。

有时动词充当定语。这有两种情况：一是动词带“的”做定语。如果不带“的”，会形成动宾关系。如：讨论的问题很重要。二是动词直接做定语。如：建筑材料｜救济物资｜写作技巧｜指导教师｜辅助教材｜销售价格｜赔偿条件｜演唱晚会。这类定心结构整体性较强，一般都共同表示一个名目，其中充当心语的名词不具备成为宾语的语义内容，因此“动词＋名词”不可能形成动宾关系。

有时动词充当状语，一般要求带“地”。常见的有两类：[1]情绪性心理动词。如：同情地看着他｜尊敬地献上了一束鲜花。[2]意向性行为动词。试探地敲了敲门｜反抗地扭着头｜挑逗地唱着淫荡小曲。

动词有时也充当主语、宾语或者主语中心、宾语中心。如：学习不是容易的事情，使用更加不容易。｜这确是人的喊叫。——前一例，“学习”和“使用”充当主语；后一例，“喊叫”充当宾语中心。这样使用的动词，起指称作用，已经带上体词化倾向，在句法配置的灵便性上大大地不同于正常情况下使用的动词。

94. 语法分析中动词语义特征的分析有何意义？

不同的动词有不同的语义，不同语义的动词往往引发不同的语法构造。分析语法结构，为了深入揭示有关的语法规律，必须弄清结构中动词的语义特征，而不能满足于粗线条的一般性分析。

比如“台上放着君子兰”和“台上演着黄梅戏”，它们都是存现句，结构层次和结构关系似乎没有什么区别，然而，它们实际上并不完全相同。比较：

台上放着君子兰

→君子兰放在台上，*台上正在放君子兰

台上演着黄梅戏

→*黄梅戏演在台上，台上正在演着黄梅戏。

如果把“放”和“坐、站、躺、蹲、写、挂、贴、刻、钉、绣、戴”

等等联系起来进行观察，把“演”和“敲、跳、冒、上、下、炒、熬、哼、嚼”等等联系起来进行观察，就可以发现两类动词在语义上具有不同的特征。前一类都含有“附着于某物”的意思，后一类不包含“附着于某物”的意思。因为语义特征不同，所在句子实际上在语法关系上存在差别。跟“台上放着君子兰”采取同样的变换形式的存现句，其动词都具有“附着”的特征；跟“台上演着黄梅戏”采取同样的变换形式的存现句，其动词都不具有“附着”的特征。

95. 什么是形容词？语法上有什么特点？

形容词是表示性质状态的词。形容词和名词、动词一样，是句子建构中表述意旨的重要材料。不过，从新词产生的能量看，形容词不及名词和动词。查李行健等主编的《新词新语词典》，可以知道，1949 年以来出现的新词一般都是名词和动词，其中只有一个形容词，即“过硬”。

形容词在语法上有两个重要特点：[1]在组合能力上，以能受程度副词的修饰但不能带宾语作为最重要的充足条件，同时，也以能够重叠强调度量作为充足条件。首先，凡是能受程度副词修饰但又不能带宾语的词，一定是形容词。如：老实→很老实，非常老实，特别老实｜干净→很干净，非常干净，特别干净。其次，凡是能重叠起来强调度量的词，一定是形容词。如：红→红红｜黑→黑黑，老实→老老实实｜干净→干干净净。[2]在句法功能上，以能够充当定语或谓语（或谓语中心）作为必要条件。这是一种“无之必不然”的条件。能够充当定语或谓语（或谓语中心）的词不一定是形容词，但根本不能充当定语或谓语（或谓语中心）的词肯定不是形容词。比如，“突然”是形容词，符合上述条件：突然事件｜这件事很突然；“忽然”尽管跟“突然”意思近似，但不符合上述条件，它不可能是形容词：*忽然事件｜*这件事很忽然。

96. 动词和形容词的同异情况如何？

动词和形容词都是谓词，相互间有许多共同之处。比方，都能受“不、都、也”等的修饰，都能进入“X不X”的格式，这使它们区别于名词。如：讨论（动词）→不讨论，都讨论，也讨论，讨论不讨论｜干净（形容词）→不干净，都干净，也干净，干净不干净。

作为谓词，形容词和动词难免发生纠葛，这需要明确以下几点：

［1］能带宾语的词是动词；能受程度副词修饰但又不能带宾语的词，才是形容词。有的词，尽管能受程度副词修饰，但又能带宾语，这样的词还是动词，如心理动词和断事动词：爱→很爱，很爱他｜像→很像，很像大嫂。

［2］有的自动词不能带任何宾语，但它们不能受程度副词的修饰，不会跟形容词相混。比如“睡觉、游泳”。

［3］有的词，在一般情况下是形容词，但运用中有时带上了宾语。这是一种“入句变类”现象。带上了宾语的形容词完全失去了接受程度副词修饰的特性，在具体句式中转变成了动词。比如“暗淡”，词典中只标注为形容词，但在“暗淡了刀光剑影”里，它被强制成了动词。

［4］有的形容词，在运用中有动态化用法。一方面，它们仍然可以受程度副词的修饰，另一方面，它们又用在“已经X了”“立即X起来”之类动词经常出现的带有时间性的格式之中。如：外头已

经很黑了｜大家立即更加紧张了起来。

97. 如何理解形容词的重叠形式？

要结合附加意义来理解形容词的重叠形式。

形容词重叠形式有四种：[1]AA式。这是一部分单音节形容词的重叠方式。如：黑→黑黑｜长→长长。[2]AABB式。这是一部分双音节形容词的重叠方式。如：清楚→清清楚楚｜平安→平平安安。[3]ABAB式。这是一部分状心式形容词的重叠方式。如：通红→通红通红｜雪白→雪白雪白。[4]A里AB式。这是一部分双音节形容词采取的特殊重叠方式，使用范围限于表示人们不喜爱的性状的形容词。如：马虎→马里马虎｜啰唆→啰里啰唆｜洋气→洋里洋气。

不管采取哪种重叠方式，形容词重叠之后都强调了度量。采用AA和AABB方式的，附加上"很、相当"之类意思；采用ABAB方式的，由于AB本身已包含度量修饰，强调出来的是一种"特别"的语气；采用A里AB方式的，既有"很"的意思，又表明嫌恶的感情。此外，从语用效果看，形容词重叠还能加强对某个样子的形容和摹写，因而不能简单地替换为"很X"或"相当X"。如：黑黑的脸｜老老实实地生活，重在摹写出"黑黑的样子"、"老老实实的样子"，不能简单地替换为"相当黑的脸"、"很老实地生活"。

有的词，其重叠式可以是形容词，也可以是动词。这要看是重叠表度量，还是重叠表动量。如：高兴→一定要高高兴兴地接待他（AABB式，表度量，形容词）｜一定要让大家高兴高兴（ABAB式，表动量，动词）。

有的形容词，还可以按AABB的方式叠结，表示“性状兼容”。比如：长长短短｜厚厚薄薄｜红红绿绿｜白白胖胖。从原形看，构成叠结形式的A和B都是单音形容词，如“长”和“短”、“厚”和“薄”、“红”和“绿”、“白”和“胖”；从结果看，叠结成为AABB之后则浑然一体，共同表示AB性状的兼容，如“长长短短”是有长有短，长短兼容，“白白胖胖”是又白又胖，白胖兼容。这类形容词叠结形式，可以看成短语词。

98. 形容词有哪些类型？

形容词大体可以分为两大类：

[1]性状形容词。指通常用来表示性质状态的形容词。这是典型形容词。这类形容词的突出特点是具有程度性，形式上一般能受程度副词的修饰。如：凉爽→很凉爽，非常凉爽｜硬朗→很硬朗，十分硬朗。

有的性状形容词本身包含有程度，即它们在构成上包含有程度的因素。这样的形容词自然不能再加程度副词。这有两种情况：①用“X+形”构成的状心式形容词，其中的X已强调了程度。如：冰凉，雪白，笔直，金黄，深红，浅绿。②用ABB方式构成的形容词，其中的BB是叠音，既有摹状或拟音的作用，同时又强调了性状的程度。如：硬邦邦，凉飕飕，白茫茫，直溜溜，黄灿灿，红通通，绿油油。

[2]定质形容词。指性质固定、没有级度变化的形容词。这是一类比较特殊的形容词，包括“小型、中型、大型、恶性、良性、上等、中等、下等、唯一、真正、全能”等等。这类形容词有两个重要

特点。其一，由于没有级度变化，因而不能受程度副词的修饰。其二，基本功能是充当定语，有的还能充当状语（如“真正”），但一律不能单独充当谓语或成为谓语中心。它们如果用于谓语部分，必须出现在“是……的”之间，形成“是＋‘的’字短语”的结构。如：小型→小型水库，这水库是小型的｜恶性→恶性肿瘤，这肿瘤是恶性的。正因如此，这类形容词通常被称为非谓形容词。

99. 定质形容词跟性状形容词关系如何？跟质料名词有何区别？

定质形容词和性状形容词之间没有不可逾越的鸿沟。有的词，本来是定质形容词，但使用中可以受程度副词的修饰，有向一般的性状形容词转化的倾向。比方“高级、中级、低级”，其中的“高级、低级”有时受“很、特别”等的修饰；又比方“直接”和“间接”，有时也受“很、太”之类的修饰。例如：这种润滑油是射电望远镜用的，相当高级。（钟道新《宇宙杂星》）｜从理论上说，没有一个女孩子不喜欢被人追求的，但马的追求太露骨，太直接，从而使她厌恶。（同上）｜有的时候 S 与 S’ 意义上的关系十分间接。（朱德熙《语法讲义》108 页）

作定语的名词，有时表示事物的质料，如“银手镯”“木头房子”“茶叶食品”中的“银”“木头”“茶叶”。为了方便，姑且叫做“质料名词”。这类名词不再具有受到数量词修饰的功能，像是定质形容词；然而，它们又不同于定质形容词：质料名词可以经过转化出现在宾语或介词后置成分的位置上，定质形容词不能这么办。如：银手镯→用银制作的手镯｜木头房子→用木头做成的房子｜茶叶食品→用茶叶制成的食品。

100. 形容词的句法功能如何？

从总体上说，形容词可以充当定语、谓语（或谓语中心）、状语和补语。如：请给我换个干净的房间。（定语）｜这套房间（很）干净。（谓语）｜她干净地打扫了所有的房间。（状语）｜你要立刻把房间打扫干净！（补语）。但是，不是所有的形容词都能充当定、谓、状、补这四种成分。且别说定质形容词，即使是一般的性状形容词，也有不同情况。比方，有的形容词不能充当状语。如“伟大”这个词，不可能出现在“伟大地VP”的结构之中。又比方，有的形容词不能充当定语。如“不一”，这是在意义上跟“相同、一致”相对的一个词，正如《现代汉语词典》所指出，这个词“只做谓语，不做定语”（长短不一，质量不一，意见不一）。不同形容词在入句时表现出来的不同功能，要做具体分析。

跟动词一样，形容词有时也充当主语、宾语或者主语中心、宾语中心。这样的形容词对性质状态起指称作用。如：骄傲不好。——“骄傲”充当了主语。又如：首长一直关心大家的安全。——“安全”充当了宾语中心。这样使用的形容词，已经带上体词化倾向，在句法配置的灵便性上跟通常使用的形容词有相当大的不同。

101. 语法分析中形容词语义特征的分析有何意义？

跟动词和名词一样，不同的形容词有不同的语义，不同语义的形容词往往引发不同的语法构造。分析跟形容词相关的句法结构，为了深入揭示其规律性，必须弄清结构中形容词的语义特征。

以“小心”和“大意”来说：“你要小心，千万别大意！”这里的“小心”和“大意”都是形容词，都充当了谓语。然而，有的时候，它们在语法上表现出差异性。比如：“X点儿！”这是祈使句肯定形式之一种。“小心”能直接进入这一句式，“大意”却不能：小心点儿！｜*大意点儿！这是因为，“小心”具有“主观能控”的语义特征，而且是褒义的；“大意”不具有“主观能控”的语义特征，而且是贬义的。

凡是表示主观能控的性状，并且具有褒义或中性色彩的形容词，都能直接进入上述祈使句式，如“高、低、大、小、重、轻、谦虚、客气、主动、热情、果断”等等；凡是不表示主观能控的性状，或者具有贬义色彩的形容词，都不能直接进入上述祈使句式，如“伟大、聪明、崇高、出色、平凡、幼稚、滑头、自满、胆小、悲观、啰唆、冒失”等等。比方，能说“高点儿，低点儿，谦虚点儿，热情点儿”，不能说“伟大点儿，聪明点儿，悲观点儿，啰唆点儿”。

102. 进入动态化模式的形容词受到什么因素的制约？

进入动态化模式的形容词，受到语义因素的制约。

以“X起来”模式为例。这一模式，可以进入“壮大”，但不能进入“伟大”：壮大起来，*伟大起来。分析可知：“X起来”中的形容词，表示有级差的可以逐渐加强的性状。“壮大”具有这样的语义特征，因此能说成“壮大起来”；“伟大”不具有这样的语义特征，因此不能说成“伟大起来”。

一对反义形容词，不管是积极义的还是消极义的，只要语义上符合"有级差，可加强"的要求，二者都能说成"A起来"。比如：好·坏→好起来·坏起来｜大方·小气→大方起来·小气起来｜清楚·糊涂→清楚起来·糊涂起来｜认真·马虎→认真起来·马虎起来｜谦虚·傲慢→谦虚起来·傲慢起来。反之，如果不具有"有级差，可加强"的语义特征，不能说"X起来"。如：真·假→*真起来·*假起来｜必然·偶然→*必然起来·*偶然起来｜主要·次要→*主要起来·*次要起来。

"不X起来"，有时能说，有时不能说，这也取决于"不X"是否在语义上"有级差，可加强"。如：认真·不认真—认真起来·不认真起来｜规矩·不规矩→规矩起来·不规矩起来｜漂亮·不漂亮→漂亮起来·*不漂亮起来｜微妙·不微妙→微妙起来·*不微妙起来。

103. 什么是副词？语法上有什么特点？

副词是专门用来充当谓词修饰成分的词。作为成分词，就能否充当多种成分而言，副词的能力大大地弱于名词、动词和形容词。

其语法特点，表现在两个方面：[1]在组合能力上，以能修饰谓词即动词或形容词作为必要条件。固然，能够修饰动词、形容词的词，不一定是副词，但是，根本不能修饰动词、形容词的词，一定不是副词。比如，"不必"肯定是副词，而"不一"不可能是副词。[2]在句法功能上，以纯状语性作为充要条件。由于充当状语是副词的"专职"，"纯状语性"便被当成副词的充足而必要的条件。即是说，一个词，如果能够充当状语，而且只能充当状语，那么，这个词一定是副词。如"不必"，只能充当状语，不可能充当别的成分。

具有纯状语性的词一定是副词，这一点是绝对的。但是，在以下两点上，副词的状语性稍有突破：① 个别副词，包括"很、极"以及强调极度的"万分"，可以作补语。如：焦急得很丨焦急极了丨焦急万分。② "最＋方所名词"，如"最前头、最底层"，总是充当宾语或介词后置成分（他在最前头丨跌落到最底层），其中的"最"不好分析为状语。析句时，它们可以整个儿看作一个名词性句法单位。

104. 副词有哪些类型？

副词大体可以分为三类：

[1]一般副词。指表示程度、时间、否定、范围、频率等意义的副词。这是副词的主体，通常活动在谓词性词语前头，只有少数几个还可以用到主语前头。主要包括以下几种：① 程度副词。如"很、最、太、更、极、非常、特别、十分、格外、相当、略、较、稍、稍微、略微、越发、还、还要、多、多么、何等"等。② 时间副词。如"正、在、正在、马上、立刻、立即、刚、已、已经、曾经、将、将要、顿时、往往、一直、一向、渐渐、常常、永远、始终、老、总、终于、偶尔、忽然"等。③ 否定副词。如"不、没、未、别、甭、莫、勿、没有、未必、不必、不用"等。④ 范围副词。如"都、只、仅、共、净、光、全都、统统、总共、一齐、一概、仅仅"等。⑤ 频率副词。如"再、又、也、还、一再、再三、再次、屡次"等。

[2]语气副词。指表示推断、确定、逆反、疑问等语气的副词。如"也许、大概、大约、敢情、准、必、必定、其实、的确、简直、几乎、索性、当然、果然、居然、竟然、幸亏、偏偏、反倒、倒反、反正、难道、

莫非、究竟、到底、何尝”等。在主谓结构中，大多数语气副词既可以用在主语后边，也可以用到主语前边。如：他也许会去。→也许他会去。| 你难道还不知道？→难道你还不知道？

[3]关联副词。指用在词语或分句之间起关联作用的副词。包括“却、既、又、也、就、才、还、越”等。其句法地位具有特殊性。尽管它们还是处在状语的地位，但在关联作用特别明显的时候，比较接近于连词，可以分析为黏合成分，即辅助性语法成分。如：“(尽管)……却……”“既……也……”“又……又……”“(如果)……就……”“(只有)……才……”“(不仅)……还……”“越……越……”等。

105. 副词能不能跟名词或名词结构组合？如何看待“很+名词”的说法？

副词有时也跟名词或名词结构组合。这是副词的特殊用法，受到特殊规律的制约。主要有四种情况。

[1]人物名词受副词“净”或“光”的修饰，共同用在方所词后边，表示某一地点普遍存在着某种人或事物。如：炕上净人 | 园里净游客 | 江岸净岗哨 | 山上净树 | 河边净杂草 | 屋子里光书。

[2]时间名词，在用作谓语直接对某个时点加以表述的时候，可以受某些时间副词或频率副词的修饰。比如：今天已经星期六了。| 明天才初八呢。| 后天又中秋了。

[3]名词带上数量词，前头可以用表示范围或频率的副词。如：只两瓶黄酒 | 仅仅七个学生 | 大约三辆汽车 | 共二十块钱 | 才五张桌子 | 又一阵暴雨 | 再一个问题。

［4］许多方位词，还有某些方位意义明显的其他方所名词，可以受某些副词的修饰。常见的是受“最”的修饰，如：最前｜最后（“他的名字被排在最后”）｜最前面｜最后面｜最底层｜最前线。

有一类“很＋名词”的说法需要特别讨论。这类说法，由两个部分构成。前一部分是程度词，以“很”为代表，包括“很、最、太、更、够、真、非常、特别、比较”等副词，也包括指点程度的代词“这么、那么”；后一部分是名词，包括指人名词、事物名词、方所名词和时间名词。如：很贵族｜很母性｜很香港｜很现代。名词部分，也可以出现名词短语，如：很绅士风度｜很诗情画意｜很高山流水。

除了“最前线”之类方所性说法，“很＋名词”在性质上是形容词性的。它们用作定语、谓语、状语和补语，分布在形容词或形容词短语惯常分布的位置之上，并且可以跟形容词短语并列使用。如：

这是一幢很现代的小洋楼。（定语）

这幢小洋楼很现代！（谓语）

小洋楼很现代地展示了大款的富有。（状语）

他把客厅布置得很现代！（补语）

他很潇洒很现代地邀请我跳舞。（在状语位置上跟典型的形容词短语并列）

这类“很＋名词”不是副词修饰名词的典型现象。进入这类结构的名词受到特定语义条件的制约，必须具有“异感性”，即能够从气质、作风、样式、气味、势态等等方面反映出说话人的某种特异感受。典型的名词一旦进入这种结构，便活用为形容词，属于“词性活用”现象。比如“阿Q”是名词，说成“这个人很阿Q”，便活用成形容词，如果说成“你真能阿Q自己”（方方《行云流水》），便是活用成为动词。有的词，兼属名词和形容词，那么，出现在名词惯常分布的位置上时是名词，出现在形容词惯常分布的位置上时是形容词。如：振作精神（名词）｜他走起路来很精神（形容词）。

106. 如何识别作状语的非副词？

非副词，不管是名词、动词、形容词还是数量词，都有一部分可以充当状语。如：他大学毕业（名词）｜他炫耀地打开了珠宝盒。（动词）｜他谦逊地笑着。（形容词）｜他曾经三进刘府。（数词）｜他一次处理不完这么多的文件。（数量词）凡是能够充当状语的名、动、形、数量等，一定能够充当别的成分，不是“纯状语”的。根据这一点，可以把它们同副词区别开来。比如：上过大学｜炫耀自己｜谦逊的样子｜事不过三｜再给你一次机会。

特别容易跟副词相混的是某些可以出现在状语位置上的形容词。要把它们区分开来，除了从副词的角度考虑是否具有纯状语性，还可以从形容词的角度考虑两点：第一，能修饰名词、能充当谓语的是形容词，不是副词；第二，能受程度副词修饰的是形容词，不是副词。比如“仍然”和“偶然”，前者是副词，后者则是形容词（“这件事很偶然”）。

特别容易跟时间副词相混的是可以出现在状语位置上的时间名词。要把它们区别开来，除了从副词的角度考虑是否具有纯状语性，还可以从时间名词的角度考虑是否可以成为介词的后置成分：能用在介词后边的是时间名词，不是时间副词。比如“即将”和“将来”，前者是时间副词，后者则是时间名词（“到将来”）。

107. 如何辨析副词的语义和作用？

在成分词中，名词、动词和形容词语义实在，副词却较为虚灵。为了了解副词的意义和作用，有必要根据不同情况进行多角度的辨析。有一个较易收效的办法，就是把甲副词和乙副词进行比较。

以“就”和“才”为例。这两个词有时都可以表示范围，有“只”的意思。如：

我就有两块钱，不够买衣服的。

我才有两块钱，不够买衣服的。

但是，在别的时候，这两个词在表意上表现出明显的对立。通过比较可以知道，它们有早和晚、快和慢、少和多等的不同。如：

你六七点钟就起床？（以为早）

你六七点钟才起床？（以为晚）

你个把月就能学会？（以为快）

你个把月才能学会？（以为慢）

吃了三碗就不吃了？（以为少）

吃了三碗才不吃了？（以为多）

他就回来，您稍等。（相当于“马上”，行为尚未实现。）

他才回来，您稍等。（相当于“刚刚”，行为已经实现。）

你签个字，我就走。（跟“只要”之类关联，条件偏宽。）

你签个字，我才走。（跟“只有”之类关联，条件偏严。）

108. 用程度副词“最”，所指的事物是否一定是唯一的位居第一的事物？

事实并非全然如此。“最”的使用，情况多样，不可简单化地对待。以下几点，值得注意。

第一，“最 X”有客观性表述和主观性表述的区别。客观性表述，是一种尊重客观事实的、讲求科学性的数字式认定。比如：一个作家使用多少个词，据统计，用词最多的是英国作家莎士比亚，总数近 12000 个。（初中《语文》第六册）主观性表述，是一种来自主观心态的表述，属于情绪性的认定。其准确性的追求，是感情的真实，而不是计量的真实。比如：她留给琼斯的那封信，至今她倒背如流，那是世界上最绝望的信。（陈染《无处告别》）

第二，孤立地看语义，“最 X”处于极度级层；但是，从程度副词所形成的级度序列看，“最 X”级度位次的高低却不能一概而论。一方面，就通常情况而论，“最 X”强调达到“极度”，是“程度最高”；然而，另一方面，“最 X”所强调的“极度”是在某种特定范围内相对而言的；其实际度量，有的时候可能反而偏于低或偏于少。这受到特定语境的规约。比如：怎么办？爷爷得票最多，但不是半数，也不是三分之一。（王蒙《坚硬的稀粥》）单线索地排列程度副词，把“最”排在“很”之上，并不科学。

第三，“最 X”形成一个“最”义级层。“最”义级层的涵量，对于所涵容的事物来说，不仅可以是单个体的，而且可以是多个体的。例如：一千多年来，岳麓书院的教师中集中了大量海内最高水平的教育家，……（余秋雨《文明的碎片》）

第四，“最”义级层的多个体涵量的逻辑基础，决定了以下两种形式可以成立。a.“最……之一”。例如：冰心是五四以来最有影响的儿童文学作家之一。（初中《语文》第六册）b.“第二最 X”。例如：这是北京第二座最大的王府，仅比怡亲王允祥的府邸略小一点，……（二月河《雍正皇帝》）

109. 各类成分词跟小句的关系如何？

各类成分词都能独立成为小句。

名词独立成句，是名词单词句。从语气看，分属不同的语气类型。如：[剧本开头交代：]大海。(陈述句) | [惊叹一声：]上帝！(感叹句) | [要求出示证件：]护照！(祈使句) | [询问对方身份：]记者？(疑问句)从具体作用看，主要用于：① 交代故事发生的时间地点。如：初春。拂晓。公园。② 述说、询问或咏叹存现的事物。如：飞机！| 警报？③ 指明需要注意和重视的事物。如：小孩！| 钱包！④ 呼喊人物。如：先生！| 汽车！

动词独立成句，是动词单词句。常见的是祈使句，如：停！| 立正！| 射击！| 启动！

形容词独立成句，是形容词单词句。常见的是感叹句和祈使句，如：[球进了。]漂亮！(感叹句) | 小心！(祈使句)

个别副词有时也可以单独成句。比如，某人在真相大白之后说："果然！"这么使用的"果然"可以认为是副词独词句。当然，从隐含的意思上说，它后边实际上留有谓词的空位，它在本质上还是状语性的。

110. 在词类系统中，数词和量词有什么特殊之处？

现代汉语词类系统中，数词和量词是两类特殊的成分词。特殊之处在于：数词或量词有时可以单独充当一个句子成分，但"数词+量词"经常结合成为一个使用单位，近似短语词，其结合体固然可以说是短语，但通常只称之为数量词。比如"三匹马"，"三"是数词，“匹”是量词，“三匹”是数量短语、数量结构，通常也叫做数量词。

现代汉语数量词系统是现代汉语词类系统中一个特殊的子系统。“数词＋量词”，即数量词，是一种相当定型的组合。句法结构中，数量词在同成分词（名、动、形）发生组合关系时，作为一个整体结构“一致对外”。如：九驾飞机（数量→名），飞机九架（名←数量）｜三次访问（数量→动），访问三次（动←数量）｜万丈高（数量→形），高万丈（形←数量）。

由于数词和量词定型组合，这就决定了数量词系统的“数不离量，量不离数”的基本面目，也决定了一般情况下可以“据数辨量”或者“据量辨数”的识别标准。现代汉语词类系统中，没有另外两类词像数词和量词那样具有“联盟式”的结合关系。

111. 什么是数词？有什么特点？基数、倍数、分数和概数跟数词的关系如何？

数词是起计数作用的词。“计数”的“数”，包括统数和序数。所谓统数，指统计数目多少的数；所谓序数，指计算次序先后的数。比如，“三个人”的“三”是统数，“三号楼”的“三”是序数。统数系统和序数系统，构成汉语的数词系统。

数词最突出的语法特点，是能同量词组合，而且一般跟量词结合使用。一个词，如果具有跟量词结合起来共同表示数量的能力，这个词是数词。如：三个｜三十个｜第三个｜几个｜许多个｜无数个——“三”“三十”“第三”“几”“许多”“无数”都是数词。

统数包括基数和倍数、分数、概数。基数是由基本数目字表示的确定数目，其表达形式是数词。倍数和分数，采用“三倍”“四成”“六分之一”之类结构形式，它们是“数量词”，而不是单纯的“数词”。比如，“三倍、四成”中的“倍、成”都是量词，“三、四”才是数词；“六分之一”等于说“六分之一分”，其中的“分”是量词，“六、一”才是数词。概数，有的是数词，如“十五六、二三十、几、许多、无数”；有的则不是单纯的数词，如“三十左右、二十上下”，这是“数词＋方位词”。

112. 汉语基数词系统是怎样构成的？

汉语的基数词系统，以两类形式为基础构成其基本面貌。

所谓“两类形式”，指的是：[1]个位数形式。指小于“十”的表数形式，包括“一、二、三、四、五、六、七、八、九”。[2]段位数形式。指在数目字组合中作为段位的表数形式，包括“十、百、千、万、亿”。段位数形式一般是“十进”的。十个一为十，十个十为百，十个百为千，十个千为万。只有“亿”跳过两个段位，是一万个万（即一万乘一万）为亿。

两类形式中，个位数形式“一”至“九”和初级段位数形式中的“十”，可以自由地跟量词组合，成为单音表数形式，如“一个”“三棵”“十位”；“百、千、万、亿”等较高级、高级和最高级段位数形式不怎么能单独跟量词组合。如通常要说“一百个人”，而不说“百个人”。

表示大于“十”的数，需要使用“段位系连法”。所谓“段位系连法”，指的是以段位数形式为系连点，通过添加个位数形式，构成复合表数形式。个位数形式可以后加，可以前加，可以同时前加和后加。如：

(段位+个位)十一 十三 十五 十九

(个位+段位)三十 四百 五千 六万

(个位+段位+个位)三十三 三百三 三千三 三万三 三亿三

位数系连中，有时出现多个段位。这时，会形成"数词结"，严格地说，已经成为"数词短语"。如：三百二十一｜四千三百二十一｜五万四千三百二十一｜六亿零三百二十一。

"零"和"半"是两个特殊的数词。"零"的意思是没有数量，因此它通常不跟量词结合使用；在段位系连中，它表示"段位有缺"，如"三万零三十一"，缺段位"千"和"百"。"半"不参与段位系连，常常跟量词结合使用，如：半斤｜一斤半(=一斤+半斤)。

113. 汉语序数词系统是怎样构成的？

汉语的序数系统，由统数的基数形式加"第"构成其基本面貌。基数系统是基础系统，序数系统是衍生系统。即：第+基数形式=序数形式。比如，"第三"是序数形式，"第三十三"也是序数形式。在理论上，"第三万三千三百三十三"这样的序数形式完全可以成立，只是，由于事实上一般不会出现数目这么大的次序，因此这么长的序数形式在语言的实际运用中不大可能出现。

有的时候，序数形式直接采取基数形式，实际上是借用基数形式表示序数，隐含有"第"字。可以通过同义变换把"第"字补出。如：三楼=第三层楼｜四车厢=第四个车厢｜五中=第五中学｜六铺位=第六个铺位。

有的时候，一个形式可能表示统数(基数)，也可能表示序数，这要结合具体语境来辨别。如“三期”，在“你的文章发表在三期”里，等于说“第三期”，“三”是序数；在“这份杂志仅仅出版过三期”，等于说比两期多一期比四期少一期，“三”是统数。

114. 现代汉语数词系统呈现什么特色？

整个现代汉语数词系统呈现了简明而匀称的特色。比较：

[汉语]	一	第一	一月	星期一
	二	第二	二月	星期二
	三	第三	三月	星期三
	四	第四	四月	星期四
	五	第五	五月	星期五
	六	第六	六月	星期六
[英语]	one	first	January	Monday
	two	second	February	Tuesday
	three	third	March	Wednesday
	four	fourth	April	Thursday
	five	fifth	May	Friday
	six	sixth	June	Saturday

可知，不管是单纯用于统数和序数，还是用来表示月份和时日名称，汉语都保持“一、二、三、四、五、六”等在形式上的一致。跟英语的说法有所不同，汉语数词表述系统在更大程度上表现出了简明匀称的一面。

不过，这种简明匀称不是绝对的，一贯到底的，不要把问题简单化。仅就“一、二、三”而言，它们不仅语义内涵不同，语法上也有不同的表现。比方，可以说“一个个地往里走”，却不能说“两个个地往里走，三个个地往里走”；可以说“老二、老三”，但不能说“老一”；可以说“一半、两半”，但一般情况下没有“三半”的说法。

115. 什么是量词？有什么特点？量词系统是怎样构成的？

量词是表示计量单位的词。

量词最突出的语法特点有二：[1]能跟数词组合，而且一般跟数词结合使用。如：一句｜三根｜五朵——“句”“根”“朵”都是量词。第二，单音量词大都可以重叠，重叠后表示“每”或强调“多”。如：句句(是实)｜根根(结实)｜(白云)朵朵。

汉语量词系统，由单音节的惯用物量词、惯用动量词和度量衡量词构成其基本面貌。具体点说：量词绝大多数都是单音节的。从一个角度看，它们包括物量词和动量词；从另一个角度看，它们包括惯用量词和度量衡量词。把两个角度综合起来看，可以分为三类：[1]惯用物量词。如“个、位、根、件、盏、株、朵、句、股、群、对、双”。[2]惯用动量词。如“下、次、遍、趟、回”。[3]度量衡量词。如“斤、两、尺、寸、磅、里、亩”。三类量词既有共性，又各有特性。其特性，主要表现在它们跟三大成分词名动形的联系上。如表：

	～名	动～	～形
惯用物量词	+	−	−
惯用动量词	−	+	−
度量衡量词	+	−	+

"数词+惯用物量词"经常用作名词的定语，如：三杯咖啡。"数词+惯用动量词"经常用作动词的补语，如：看三遍。"数词+度量衡量词"经常用作名词的定语，如：四斤猪肉；也经常用作形容词的状语，如：四斤重。

116. 度量衡量词在量词系统中地位如何？

在量词系统中，度量衡量词地位稍微特殊。一方面，它们主要用于计算物量，跟惯用物量词一起都是"物量词"。通常提到物量词，既包括惯用物量词，也包括度量衡量词。但是，另一方面，应该看到两点：[1]"数词+度量衡量词"可以用来修饰表示重、长、宽、深、远等意思的形容词，作状语。如上面举到的"四斤重"。"四斤重"之类中的"四斤"，语法性质跟"多、这么、那么"之类相近，这可以从以下的问答对应中看出来。如：这块猪肉到底多重？——四斤重。——真的这么重吗？[2]许多惯用物量词可以加特定形容词作量的评估。如：六大张｜五小堆｜四满袋｜三厚本｜两长条｜一整箱。然而度量衡量词一般是"不可估"的。比方，"斤、两、尺、寸"，一般不能加"大、小"。有时为了表示不满意，这么说俏皮话："他让我每天吃饭四大两，我饱得很呢！"这是特殊用法。

117. 量词系统中有一些什么样的复音量词？

量词系统中，除了单音量词，还有复音量词，即包含两个或几个音节的量词。有两类：[1]单纯双音量词。本身只包含一个计量单位。如：嘟噜｜疙瘩｜公斤｜公里。[2]双量复合量词。本身包含两个计量单位。如：架次｜秒立方。

双量复合量词又有两种：① 加合型的。如：架次｜人次｜吨公里｜吨海里｜人公里｜秒立方｜千米小时。在表意上，它们是AB加合，既论A也论B。比如，“架次”是一架飞机出动一次，“人次”是一人参与活动一次，“吨公里”是一吨货物运输一公里，“吨海里”是一吨货物运输一海里，“人公里”是一个旅客乘车行一公里，“秒立方”是一秒钟一立方，“千米小时”是一小时一千米。② 选择型的。如：部集｜台件｜件套。在表意上，它们是或A或B，可以选择。如：“1985年中央电视台播放的电视剧有500部集”，“部集”就是“部”或“集”的意思。

双量复合量词表示物量，属物量词。它们总是跟统数词直接组合，量词性质是明显的；但“数词＋复合量词”的结构总是单独使用，通常出现在宾语位置上，后边不再出现名词，这又表明它们具有特殊性。

118. 什么是准量词？主要有哪些？

准量词是作为时间、区域等的计量单位的量词。它们有时是计量单位，有时是名词。主要包括以下两类。

［1］时间性的。如“年、日、天、夜、小时”等。它们有时是准量词，跟统数词直接结合，用作补语或定语。如：等了两小时｜一夜时间匆匆过去了。它们有时是时间名词，受数量词的修饰，形成“数量X”格式，如“两个小时”，或者受序数词修饰，后边不能补出名词，如“第三夜（＝第三个夜晚）”。

［2］区域性的。如“省、县、市、村、车间”等。它们有时是准

量词，跟统数词直接结合，用作定语。如：一省的人口｜一县的父老乡亲｜一车间的用电量。它们有时是名词，受“一个”之类数量词的修饰，如：一个省｜两个县｜三个市｜四个村｜五个车间。

119. 量词形成的理据性如何？

从跟客观事物的语义联系看，大部分量词具有理据性。这需要分三点来说。

[1]少数量词是习俗性量词。如“个、位、件、项、下、次”等。这类量词的使用主要决定于“习俗”，很难说出明确的理据。比如“人”称“个”，有的方言里却称“只”，说不清为什么。

[2]绝大多数量词是理据性量词。如“一块肉”和“一片肉”，二者分别跟成块和薄而成片相联系。“理据”有种种不同的角度。主要有：① 相关形状。如：点状的“点、粒、颗、滴”，线状的“线、丝、条、缕”，面状的“面、片、幅、方”，以及“块、团、圈、朵、轮”等。② 相关动态。如“串、堆、叠、挂、担、封、挑、截、捆、抱、束、卷、搂、捧、包”等。③ 相关局部。如“口(一口猪)、头(一头牛)、尾(一尾鱼)”等。④ 相关用具。如“幕(一幕戏)、刀(一刀纸)、杆(一杆枪)”等。⑤ 相关数量。如“对(一对夫妻)、双(一双鞋子)、打(一打铅笔)、副(一副纸牌)、营(一营士兵)”等。理据性量词也有习俗性的一面。比方“对”和“双”，为什么“一对鞋子、一双鞋子”都能说，“夫妻双双”也能说，“一双夫妻”却不能说？恐怕只能归结于受到“习俗性”的制约。

[3]借助数量框架，可以随时产生理据性借用量词。比如“车、桶、书架、脸、手、裙子”都是名词，它们可以根据“可容”或“可附”

的理据性联系借用为量词：一车化肥｜一桶酱油｜一书架书｜一脸汗水｜一手鲜血｜一裙子污泥。又如"笑、看、摇、踢"都是动词，它们可以根据"可计量"的理据性联系借用为量词：笑了一笑｜看了一看｜摇了一摇｜踢了一踢。可知，跟相对封闭的数词相比较，量词是相对开放的类。

120. 怎样"据数辨量"和"据量辨数"？

由于数词和量词相互规定相互促成，对于数词和量词，在一般情况下可以使用"据数辨量"和"据量辨数"的识别标准。当我们看到这样的结构框架：

数 X →名

X 量 →名

如果已知项为"数"，未知项 X 一定是"量"。比如："三 X 书"，已知其中的"三"是数词，那么，X 一定是"本、册、页、箱、柜"等等量词。有的形式通常是名词，一进入这种框架，也会被促成量词。如："三书架书"，"书架"通常是名词，这里却被促成了量词。

反之，如果已知项为"量"，未知项 X 如果不是"这、那"等指示代词，或者不是"大、小、整、满"之类形容词，X 一定是"数"。如："X 箱书"，已知其中的"箱"是量词，那么，排除了"这箱书（可以说成'这一箱书'）、整箱书（可以说成'整整一箱书'）、满箱书（可以说成'满满一箱书'）"等情况，X 不可能不是数词。

有的形式，通过数量组合的结构框架来"据数辨量"和"据量辨数"，可以明确地把它们分化为数词和量词。比较：

半份遗产　一半遗产

双份工资　三双筷子

“半份、双份”中的“半、双”是数词，“一半、三双”中的“半、双”是量词。

121. 作为定型组合，数量词有什么特殊表现？

主要为以下几点：

[1]句法结构中，一个数量词充当一个句子成分。尽管数词和量词有时都可以单独成为成分，但“数词+量词”却一起算是一个成分。这是因为，数量之间无法分析出两个成分的关系。

[2]可以重叠，表示特定的附加意义。重叠方式有三：①ABAB式。如：一队一队的人｜两个两个地往里走。②ABB式。数词限于“一”，如：一队队的人｜一处处地改。③AA式。这是数词限于“一”的省量式，如：一一订正｜一一处决。附加意义有三：①表示按次序进行，如“一个个地进来”；②表示每一、不例外，如“一个个横眉竖眼”；③强调多而整齐，如“葡萄一串串”。

[3]可以插入形容词作量的评估。许多数量词之间有时插入了“大、小、满、整、厚、长”等少数几个形容词，对量起评估作用。如：一大摊｜一小滴｜一满碗。不过，这种插入是有限的插入，不能进一步扩大。

[4]有两个数量词可以融合。即“两个”和“三个”在口语里有时融合为“俩(liǎ)”和“仨sā”，成了单音节词。由于它们都是数量的融合，后边不能再出现量词。“俩人”不能说成“俩个人”，“仨人”不能说成“仨个人”。

122. 数词和量词分别单独充当句子成分的情况如何？

数词单独充当句子成分，主要限于下面四种情况：[1]数词表示大数目，后边常常不用量词。如：六亿妇女撑着半边天｜十多万儿童营养不良，其中“六亿”“十多万”是定语；如果“妇女六亿”“儿童十多万”作句子使用，“六亿”和“十多万”是谓语。[2]继承古汉语用法，数词直接附加于名词或动词，充当定语或状语。如：一士兵被击中（定语）｜三进山城（状语）。[3]数词在特定语境中指称事物，充当“是”字句的主语或宾语。如：过河的办法有两个，一是造船，二是修桥。（主语）｜给你们两个重要任务：找到粮食，这是一；了解敌人的动向，这是二。（宾语）[4]序数词有时充当独立成分。比方“第一”“第二”“第三”都可以带出一句话、几句话甚至一段话。这时它们都是独立成分。

量词单独充当句子成分，主要限于下面两种情况：[1]量词的重叠形式，可以充当主语和定语。如：个个都是铁汉子。（主语）｜条条江河归大海。（定语）有时还可以充当谓语，但不是表示“每”的意思，而是表示“多”的意思。如：白云朵朵｜暖风阵阵。[2]在“动·量·宾”格式中，在隐去“一”的情况下，一个单音量词可以成为定语。如：买本小说｜喝碗热茶｜看场电影。至于“动·补”之间有时用“个”强调结果，如：吃个饱｜喝个足｜闹个天昏地暗，这是“个”的特殊用法，从性质上说，已经用作助词了，只能算是辅助性语法成分。

123. 什么是代词？同其他成分词的关系如何？

代词是指代某种思想对象的词。如“我、这、谁、怎么样”等。

代词没有独立的足以把自己同其他词类区别开来的语法特点。就句法功能而论这类词能够充当任何一种句子成分，是名、动、形、副、数量等成分词的句法功能的总和。从逻辑上的并列关系看，名动形等是横的并列关系，而代词同其他成分词之间则是纵的并列关系。这就是说，词类系统中的代词跟名动形等词类不是平行的。如图：

名　词	
动　词	代
形容词	
副　词	词
数量词	

124. 在词类系统中，代词的特殊性何在？

词类系统中，代词是又一类特殊的成分词。如果说，数词和量词的特殊性表现为二者的组结性，那么，代词的特殊性则表现为它的游移泛代性。

在语法上，如果分别同名、动、形等加以比较，代词不是完全没有一点自己的特性。比方，名词以能带定语（包括数量定语）为通常用法，而名代词虽然在书面语里有时也可带定语（如“孤独的他”），却不能算是通常用法。又比方，动词形容词可以重叠表示某种语法意义，而动形代词却不能这么办。

然而，代词不是根据语法特点划分出来的类。作为词类系统中的一个特殊类别，代词凭的是它的“游移泛代性”。即：在任何宽泛的范围内，可以游移地指代某一需要指代的对象。世界上任何人都可以称“我”，任何事物都可以问“什么”，任何人或事物都可以用“这、那”去指代。一个代词，或代甲，或指乙，要进入指代语境才能确定下来。比如：爸爸走了，他要开会；爷爷也走了，他是想早点休息。——同一个“他”，一会儿代“爸爸”，一会儿指“爷爷”；而且，如果脱离上面的句子，“他”就会同“爸爸”或“爷爷”失去必然的联系。名词、动词、形容词、副词和数词量词情况不同：在句子里，它们表示特定的人物、行为、性状、程度、数量；脱离了句子，它们仍然具有特定的内涵和外延。

125. 代词系统是怎样构成的？

代词系统由人称代词、指示代词和疑问代词的基本形式构成基本面貌。

首先，代词包括人称代词、指示代词和疑问代词。人称代词，是称代人或事物的代词，如“我”“你”“他”；指示代词，是指别人或事物的代词，如“这”“那”；疑问代词，是求代人或事物的代词，如“谁”“什么”“哪”。

其次，代词有基本形式和非基本形式。基本形式，是配套的或大体配套的形式，它们反映汉语代词的基本面貌。比方，由“我、你、他”形成的配套形式反映人称代词的基本面貌；由“这、那”形成的配套形式反映指示代词的基本面貌。非基本形式，是配套形式之外的形式，有以下两组。

[1]属于人称代词的：

① 自己、自个儿——复称代词（复称某个人或某些人自身）

② 人家、别人、旁人——旁称代词（称代自己或某个人、某些人以外的人）

③ 大家、大伙儿、大家伙儿——总称代词（称代一定范围内所有的人）

[2]属于指示代词的：

① 每、各——分指代词（指代对象包括人物、方所、时间、数量等）

② 某——不定指代词（指代对象包括人物、方所、时间、数量等）

③ 另、另外、其他、别的——旁指代词（指代对象包括人物、方所、时间、数量等）

④ 一切、所有、任何——统指代词（指代对象包括人物、方所、时间、数量等）

⑤ 彼此、互相、相互——互指代词（指代甲乙双方，指代对象主要包括人和事物）

126. 人称代词如何形成配套形式？

人称代词，以“我”“你”“他”为基础形成配套形式，即形成“三称”系统。

“我”是第一人称，复数形式是“我们”。跟“我”“我们”基本相同的是“咱”“咱们”。不过，“我”一定是单数，“咱”却可单可复。“咱们”有较重的口语色彩，“咱”基本上还是方言词。在谈话场合，“咱们”和“我们”在指代对象上往往有分工：“咱们”包括对方，“我们”排除对方。如：我们今晚看球赛，你要是没事，咱们一块儿去。

“你”是第二人称，复数形式是“你们”。“您”是“你”的敬称形式。书面语中，小说的人物对话里，特别是信件里，“您们”的说法颇为常见。从发展上看，“您们”具有生命力。

“他”是第三人称，复数形式是“他们”。书面上，第三人称代词分化为“他”“她”“它”，分别称代男性、女性和事物。“她”和“它”也有复数形式“她们”和“它们”。“她们”限于指女性，统指男性和女性时还是用“他们”。

127. 指示代词如何形成配套形式？

指示代词，以“这”“那”为基础形成配套形式，即形成“近远指”系统。

“这”表近指，“那”表远指。既可指别人，也可指别物。比如：这是张先生，那是李先生。| 这是张先生的车子，那是李先生的车子。

在“这”“那”基础上构成的形式，有的指别方所和时间，有的指别数量，有的指别性状、行动、方式或程度。其中，指别方所和时间的，“这”组仍然比较明确地表示近指，“那”组仍然比较明确地表示远指。即：

	“这”组	“那”组
方所	这(儿/里)(近指)	那(儿/里)(远指)
时间	这会儿(近指)	那会儿(远指)

数量	这些、这么些	那些、那么些
性状等	这么、这样、这么着	那么、那样、那么着

方言里，指示代词系统比普通话稍为复杂。比方，有的方言有近指、远指和中指的区别，如属于吴语的苏州方言。（参看叶祥苓《苏州方言志》）

128. 疑问代词如何形成配套形式？

疑问代词不是直接称代，而是通过提问寻求称代。这类代词，以“谁”“什么”“哪”“怎”等为基础，形成互有交叉的若干“求代”配套形式。跟人称代词、指示代词相比较，这类代词的配套形式没有那么大的覆盖面。包括以下几组：

[1]“谁”组——“谁”问人。有时有“谁个、谁人”的说法。跟“谁”同义的，有短语或短语词“什么人”“哪个”“哪位”。

[2]“什么”组——“什么”问物。跟“什么”同义的代词是“啥”。以“什么”为基础，可以构成“什么样”。“什么样”用作定语，问性质、状态、情况等。

[3]“哪”组——“哪”或问人（哪是友？哪是敌？），或问物（哪是麦子？哪是韭菜？），或问方所（敌人在哪？）。以“哪”为基础，可以构成“哪些、哪儿、哪里、哪会儿、哪样”，分别问人物、方所、时间和性质状态。

[4]“几”组——“几”问数量。以“几”为基础，构成“几时”“几儿”，问时间（他几时走的？今儿是几儿？）。此外，还构成“几多”，问数量，有方言色彩；还构成“几何”“几许”，问数量，属于文言词。

[5]“多”组——“多”问数量或程度。以“多”为基础，构成“多

会儿、多少”，分别问时间和数量。跟“多少”同义的是书面语色彩较浓的“若干”。

［6］“怎”组——“怎”在现代汉语里较少单用。以“怎”为基础，可以构成“怎么、怎样、怎么样、怎么着”，用来问性状、行动、方式、程度等。跟这组代词同义的是文言色彩较浓的“如何”。

129. 什么是代词的活用？人称代词和指示代词怎样活用？

具有游移泛代性的代词，一旦进入具体语境，就会各有具体的指代对象。一个代词，如果进入具体语境之后不是起到本来应该起到的指代作用，那么，便是代词的活用。从语用价值看，代词的活用是为了取得特定的语用效果。

人称代词的活用，常见情况有三种：［1］单复数变易。即以单数形式表达复数的内容，以复数形式表达单数的内容。如：<u>我</u>边防部队采取了克制态度。（=我们）｜对待一种新事物，<u>我们</u>的意见是，先好好儿的研究研究……（吕叔湘《关于“语言单位的同一性”等等》）（=我）又如，农村初恋的女孩子害羞，对所恋的男孩子说：“你，你，你可别忘了<u>我们</u>！”（=我）［2］人称变易。即以“你”表“我”，以“你”表“他”，等等。如：在我的心里，他是一个很好很热情很诚恳的朋友。他把<u>你</u>当作朋友以后，他从不忘记<u>你</u>，他从各方面关心<u>你</u>……（冰心《悼念罗常培先生》）（=我）｜我们如果有缺点，就不怕别人批评指出。不管是什么人，谁向我们指出都行。只要<u>你</u>说得对，我们就改正。<u>你</u>说的办法对人民有好处，我们就照<u>你</u>的办。（毛泽东《为人民服务》）（=他）［3］游动称代。即

"我""你""他"在特定范围中有所指，但跟具体人物没有固定性的联系。如：卖爆竹的停止了买卖，你看着我，我看着你，谁也不知道这是出了什么事。（梁斌《红旗谱》）

指示代词的活用，常见情况有两种：[1]游移指别。即"这""那"在特定范围中有所指，但跟具体的远近对象没有固定性联系。如：大伙围拢来，问这问那。[2]统括指代。即"这""那"之类呼应使用，不但表示所指不定，而且有在特定范围内统括一切的作用。如：这也不吃，那也不吃，你想饿死呀？

130. 疑问代词的活用情况如何？

跟人称代词、指示代词相比较，疑问代词的活用更为丰富多样。大体说，有以下几种：

[1]任指。即用来强调任何人、任何事物。如：他对谁都客客气气。｜我什么都不知道。｜我哪儿都不想去。

[2]虚指。即用来指代说不出来的若有若无、若实若虚的事物。如：我总在等待，可是我也不知道在等待谁。｜他好像在地上寻找着什么。｜假期里我大概要到哪儿去旅游一下。

[3]游移指。即前后呼应，所指游移不定。如：大家争论不休，谁也没说服谁。｜什么便宜我就买什么。｜你要我去哪儿，我就去哪儿。

[4]笼统指。即重叠使用，把分别列举的事项笼统化。如：他告诉我，谁谁又买了些什么什么。｜他告诉我，哪儿哪儿又出了新鲜事。｜他告诉我，怎样怎样才能打开新的销路。

此外，"什么"还有别的活用情况。比如：什么处级干部！马屁精一个。（表示不以为然的语气）｜我已经没什么钱了。（表示不十分肯定的语气）｜什么三字经，什么千字文，他熟得很！（表示列举的语气）

131. 什么是拟音词？有何特殊性？怎样分类？

拟音词是摹拟音响的词。这是词类系统中又一类特殊的成分词，特殊之处表现在具有三个特性：一为独用性，二为拟音性，三为非定型性。

根据所拟音响同客观事物的不同联系，拟音词可以分为两类：[1]叹词。这类拟音词，表示感叹和呼应的声音。大都表感叹，如“哈、啊、唉、咦、哼、咳、呸、哎呀、哦哟”等；有的表示呼应，如“喂、嗯、唔、哎”。[2]象声词。这类拟音词，表示物体的音响或动物的叫声。如：叭！叭！几声枪响。（物体音响）｜没容开口，炕上的两只猫叫上了：嗷嗷，嗷嗷……。（动物叫声）叹词和象声词经常结合使用。如：“咯支咯支，哈哈！”（鲁迅《肥皂》）｜“呵呵，洗一洗，咯支……唏唏……”（同上）——“咯支咯支”“咯支”是象声词，“哈哈”“呵呵”“唏唏”是叹词。

从三个特性看，叹词和象声词没有大的区别。它们的区别，主要表现在两个方面：[1]叹词跟人相联系，在摹拟声音的同时带有这样那样的情绪；象声词则跟物相联系，一般是纯声音的摹拟。比如“噫呀”，在表示人的声音的时候是叹词，在表示物的音响的时候是象声词。[2]叹词和象声词入句充当成分时书面上都可以加引号，但它们如果充当独立成分，那么，只有象声词可以加引号，叹词不能加引号。比较：“叭！枪声又响起来了！”（=“‘叭！’枪声又响起来了！”）｜“唉！枪声又响起来了！”（≠“‘唉！’枪声又响起来了！”）

132. 如何理解拟音词的独用性？

拟音词的独用性，是从语法功能上说的。这类词没有否定形式，不能受“不”的修饰，其基本功用是充当句子的独立成分。如：唧唧喳喳，麻雀早早醒来了，站在枝头上，吵得好凶。随后，喜鹊出窝了，一跳，两跳，从这枝头跳到那枝头，喳喳，喳喳，喳喳喳喳，嘴里也自不消闲。（谢村《春闹枝头》）——这里的“唧唧喳喳”“喳喳”和“喳喳喳喳”都是独立成分。它们如果单独使用而不伴随句子出现，便会成为单词句。如：唉！｜轰隆！

有的时候，拟音词也能进入句子，参与组句，临时用作名词、动词或形容词。即使如此，书面上仍然可以加上引号标示其特殊性。如：几声“哈哈”，打破了可怕的沉默。（用作名词）｜他恭敬地“喳”了一声。（用作动词）｜你听，那边有“唧唧喳喳”的叫声。（用作形容词）

如果特别看重语法上独用性的一面，拟音词可以叫做“独用词”。

133. 如何理解拟音词的拟音性和非定型性？

拟音词的拟音性，是从跟客观音响的联系上说的。一方面，它们只跟声音相联系，不跟具体事物相联系。比方“鸭”，本是一种叫声，但已跟一种动物相联系，它不是拟音词，而是名词。至于“呀”，它只是摹拟一种感叹声，不表示具体事物，它才是拟音词。另一方面，既然是“拟音”，毕竟只是一种模仿，因此只能近似。比如把麻雀的叫声摹拟为“唧唧喳喳”，把喜鹊的叫声摹拟为“喳喳”，跟原来的实际音响是有距离的。同样，通常摹拟人的笑声为“哈哈”，这自然只是大体上的摹拟而已。

拟音词的非定型性，是从词的形式上说的。这主要表现在三个方面：第一，拟音词可以根据需要随时造出来。比如，词典上查不到“咚啷啷”，运用中却可以自己造出一个“咚啷啷”，听者或读者完全能够理解。第二，拟音词只有结构形式，却没有相应的结构关系。比方，“A”“AA”“AB”“ABB”“AABB”“ABAB”等形式（如“哟”“哟哟”“哎哟”“哎哟哟”“哎哎哟哟”“哎哟哎哟”），从单音到复音，都不过是声音的复用，没有构成联合、定心、主谓之类结构关系。第三，拟音词可以很短，只有一个音节，也可以比较长，包含好几个音节，使用起来不像别的成分词那样受到限制。比如：唧→唧唧→唧唧唧→唧唧唧唧唧。又如：啊哟哇，你干什么呀。（范小天《桂花掩映的女人》）——这里的“啊哟哇”，很难说是一个词还是三个词。

134. 什么是介词？语法上有什么特点？

介词是在句法构造中起介引作用的词。这是一类非成分词。主要语法特点有二：

[1]介词同受介词语相结合，起介引作用；它和受介词语一起，共同充当一个句子成分。比如“按照这个意见办理”，“按照”是介词，“这个意见”是受介词语，“按照”不单独充当句子成分，“按

照这个意见”一起作“办理”的状语。受介词语也叫介词后置成分，“介词+受介词语”或者“介词+介词后置成分”叫做“介词结构”或“介词短语”。

［2］凡是介词，都可以用到名词性词语前头。受介词语不一定都是名词性的，但受介词语以名词性词语为代表。这可以从两个方面来看。一方面，就一般情况而言，受介词语往往是名词或名词短语；另一方面，虽然受介词语有的时候也可以是动词、形容词或动词短语、形容词短语，但它们全都可以替换为名词或名词短语。比如：培养优秀选手，必须从小开始。→培养优秀选手，必须从小时候开始。｜为了当上主任，他什么手段都用出来了。→为了这个目的，他什么手段都用出来了。

可以占据名词前头的位置，这是介词的必要条件。一个词，如果根本不能用在名词前边，这个词不可能是介词。比较：往北京，*往往北京｜向太阳，*一向太阳｜从天涯海角，*从来天涯海角｜对于技术人员，*过于技术人员——“往、向、从、对于”是介词，“往往、一向、从来、过于”不是介词，而是副词。

135. 如何理解介词的介引作用？

介词的重要作用在于“介引”。所谓“介引”，包括“介入”和“引合”两方面。

一方面是“介入”。作为介词结构的构件，介词的不同，决定了介词结构的语义类型的不同。比如：按照这个意见｜关于这个意见｜对于这个意见｜除了这个意见，这几个介词结构具有不同的意义，是由于“按照、关于、对于、除了”这几个介词具有不同的意义。

这就是说，从介词结构的组成看，不管是在结构上还是在语义上，介词都具有“介入”的作用。

另一方面是“引合”。受介词语本来不能或不大能作为一个成分跟句子的某个成分直接发生组合关系，而通过介词的帮助，组合关系就可以形成。比如“按照这个意见办理”，要是没有介词“按照”的介引，“这个意见”不能从前边同“办理”直接组合，更谈不上表明特定的结构关系。这就是说，从句子甲成分与句子乙成分之间的组合看，不管在结构上还是在语义上，介词都有“引合”的作用。

在汉语词类系统中，介词是最重要的非成分词。由于它的介入和引合，词语与词语之间，特别是名词同动词（或名词短语同动词短语）之间，便可以产生更为丰富多彩的结构关系。

136. 介词可以怎样分类？

根据介合作用中语法上的不同反映，介词可以分为两大类。

[1]涉动介词。这类介词，在介合作用中主要涉及动词。情况复杂多样，占介词的绝大多数。如“从、为、以、连”各有表意范围，但谓语中心总是用动词性词语。又如“把、对”跟对象义相联系，谓语中心通常用动词性词语；偶尔谓语中心也用形容词性词语，但使用范围有限，如：把我痒得难受极了｜对我很好。

[2]涉形介词。这类介词，在介合作用中主要涉及形容词。数量不多，用于比较的意义。最典型的是“比”，此外还有“跟、同、和”等。如：我比他年长，可他比我老练。｜他的情况，跟我完全一样。这类介词所构成的介词短语经常用来修饰形容词或形容词结构，但也可以用来修饰某些跟“强弱、高低、多少”等意义有联系的动词

结构。如：我比他有经验。｜他比我喜欢冒险。

涉动介词和涉形介词的判定，有时要结合具体的语言事实。比如“跟”，在“你跟他一样怯懦”里，是涉形介词；而在“你跟他通个电话”里，则是涉动介词。

137. 涉动介词有哪些类型？

汉语句式的建构，跟涉动介词的使用大有关系。从语义范畴说，涉动介词大体可以分为以下几类：

[1]时空类介词——在介合作用中跟时间或方所的意义相联系。包括“从、自、打、自从、打从、在、到、当、于、往、朝、向、顺着、沿着”等。如：从星期一算起｜在家乡教书｜到明年毕业｜打水路运走｜自各地寄来｜当他的面讲｜朝山上跑去｜向后方运动｜顺着江边走｜沿着河堤追。

[2]缘由类介词——在介合作用中跟原因或目的的意义相联系。包括“因、因为、为、为了、为着”等。如：因事请假｜因为天气关系不能起飞｜为生活奔波｜为了治病不得不这么办。

[3]凭借类介词——在介合作用中跟工具或方式的意义相联系。包括“用、以、拿、凭、借、通过、经过”等。如：用生命保卫胜利果实｜以名誉担保｜拿杯子装上｜凭常识判断｜借这个机会回家｜通过居委会了解｜经过复审获得了新的结论。

[4]施受类介词——在介合作用中跟施事或受事的意义相联系。包括“被、叫、由、任、把、将、对、对于、向、管、连”等。如：被狗咬了（介＋施）｜由我点菜（介＋施）｜把狗杀了（介＋受）｜对他不信任（介＋受）｜向雷锋学习（介＋受）｜连我都想去（介＋

施）| 连烈性酒都敢喝（介+受）。

[5]范围类介词——在介合作用中跟范围涉及面或范围排除点的意义相联系。包括“关于、论、连同、跟、同、与、和、除了”等。如：关于费用，请找钱会计。| 论学问没人比得上他。| 连同利息有多少钱？| 刚刚和钱工程师谈过了。| 除了你还有谁？

[6]替代类介词——在介合作用中跟替代语义相联系。包括“替、代、为、给”等。如：明天我替你值班。| 代我问候张老师。| 大家都为小张感谢您！| 您能给这位大爷换个坐位吗？

有的介词，可以跟不只一种语义范畴相联系。比方“在”，不仅可以跟时空相联系，有时还可以跟范围相联系：我在这几个问题上没有作过什么研究。

138. 如何区别介词和动词？

介词由动词发展而来，二者之间难免相互纠结。把它们区别开来，主要依据以下三点：

[1]在句法结构中，居于谓语或谓语中心地位的，是动词。如：一定要把好产品质量关！| 天连水，水连天。——这里的“把”“连”充当谓语中心，它们都是动词。

[2]在句法结构中，位于谓语中心 VP 前头，VP 不能省去的，是介词。如：一定把他找到。| 他连我都敢欺负！——“找到”和“都敢欺负”不能省去，这里的“把”“连”是介词。

[3]在句法结构中，位于谓语 VP 前头，VP 有时不能省有时能省的，一律判为介词。如：他用脏话骂人（→*他用脏话），我用斧头砍树（→我用斧头）| 他在黑板上写字（→*他在黑板上），他

在办公室写字(→他在办公室)——为了便于操作,这里的“用”“在”一律判为介词。

139. 什么是连词?语法上有什么特点?

连词是在语法结构中起连结作用的词。这是另一类非成分词。主要语法特点有二:

[1]连词只有连结作用,不能成为句子成分。所谓“连结”,既有连接的意思,也有组结的意思。即把两个或几个语法单位连接起来,使它们组结成为一个更大的语法单位。如,“和”是连词,它可以把“我”“他”连接起来,组结为更大的语法单位“我和他”。又如,“因为”“所以”是连词,它们可以把“他去了”“我不能不去”连接起来,组结成为更大的语法单位“因为他去了,所以我不能不去”。

[2]连词起码具有双向性。在句法结构中,连词总要关涉到两个或几个语法单位。因此,只要有连词出现,不管是单个儿使用,还是配对照应使用,都一定有它所关涉到的两个或几个单位出现。如果关涉到两个单位,便是双向的;如果关涉到三个或更多的单位,便是多向的。比如在“我和他”中,“和”是双向的;在“你、我和他”中,“和”是三向的。

140. 连词有哪些类别?

着眼于连结单位的不同,连词大体可以分为两类。

[1]词语连词——在词语与词语之间起连结作用。如“和、与、同、跟、及、以及”等。典型的词语连词,不会用在句与句之间。

[2]句间连词——在句与句之间起连结作用。如“因为、所以、虽然、但是、如果、只有、即使、无论、否则、那么”等。这类连词通常用来连结分句与分句，构成复句；有的有时用来连结句子与句子，构成句群。此外，少数有时用来连结甲乙两个句子成分，使单句带上某种常见于复句的关系，这是句间连词的特殊用法。如：无论谁都可以去！

有的连词，如“并、并且、或、或者、而”，兼属词语连词和句间连词词。比较：街道宽阔而清洁。丨不应当临急抱佛脚，而应当平时多用功。——前一个“而”连结词语，是词语连词；后一个“而”连结分句，是句间连词。

141. 如何区别连词和副词？

一个同形单位，可能分属连词和副词。区别在于：具有双向性，能表明两个语法单位之间的关系的，是连词；只具有单向性，能单独充当状语的，是副词。比较：出发时间不会改变，尽管天气不好。丨有什么话，你尽管说！——前一例的“尽管”表明“天气不好”和“出发时间不会改变”之间的关系，是连词；后一例的“尽管”只修饰“说”，是副词。

关联副词是副词的特殊类型。复句中，关联副词在作用上跟连词近似，也可以认为是“准连词”。连词和关联副词的不同之处在于：连词可以出现在某分句的主语前边，关联副词则不能。比较：因为情况紧急，所以我动用了这笔钱。丨因为情况紧急，我才动用了这笔钱。丨因为情况紧急，所以我才动用了这笔钱。——“因为”“所以”是连词，“才”是关联副词。再比较：虽然她没上过大学，但是她的文章写得很好。｜虽然她没上过大学，她的文章却写得很好。｜虽然她没上过大学，但是她的文章却写得很好。——“虽然”“但是”是连词，“却”是关联副词。

142. 如何区别连词和介词？

一个同形单位，可能分属连词和介词。

连词和介词有不同的句法表现。如果是介词，前边可以出现副词等状语性成分。如：我和他争了几句。→我刚刚确实和他争了几句。（这里的“和”是介词）如果是词语连词，组合单位后边可以出现总括副词“都”。如：我和他都是孤儿。｜他和我都在部队呆过。（这里的“和”是连词）有时情况两可，到底是介词还是连词，需要结合语境来判别。

句间连词和介词，有不同的语义关系。要言之，句间连词表示“句”与“句”之间的关系，而介词却只是表示“句内”关系。例如：任凭沈云娥怎样苦苦哀求，他丝毫不再动心。｜这件事，任凭你处理。——前一例，“任凭”是连词，它表示了前后两个分句之间的无条件让步关系；后一例，“任凭”是介词，它所表示的关系不超出一个小句。

143. 什么是助词？在语法上有什么特点？

助词是在语法结构中起助加作用的词。如果说介词的作用是“介合”，连词的作用是“连结”，那么，助词的作用便是“助加”。这是又一类非成分词，其主要语法特点表现在以下两个方面。

[1]助词附着于某个语法单位。被附着的语法单位，或者是一个词，或者是一个短语，或者是一个小句。比如：

	<着>	<地>	<嘛>
附着于词：	笑着	高兴地(说)	你嘛，(可以不去！)
附着于短语：	发展和演变着	有计划地(进行)	工资问题嘛，(好说！)
附着于小句：	—	—	你可以不去嘛！

[2]作为一种助加单位，助词在语法结构中帮助表示某种语法意义。由于总是跟某种语法意义相联系，因此往往成为某个词类或某种结构的标志。比如，“着”表示行为状态的持续，在不严格的意义上是动词的标志；“地”表示前边的语法单位是后边的语法单位的状语，在不严格的意义上是状语的标志；“嘛”通常用在句末表示某种陈述语气，在不严格的意义上是某种陈述句的标志。

144. 助词有哪些类别？怎样看待助词在句法结构中的地位？

在现代汉语语法系统中，助词的地位相当微妙，特别值得重视。主要的助词，有以下五类。[1]结构助词。如“的、地、得”。[2]时态助词。如“着、了、过”。[3]表数助词。如“们、第”。[4]比况助词。如“似的”。[5]语气助词。如“呢、吗、嘛、吧、啊、罢了”。

从词的身份上说，助词内部有不同情况。有的助词，如“嘛”和“地”，或者主要附着于小句，或者经常跟短语发生联系，它们的词的身份比较明显或稍为明显。有的助词则经常跟词发生联系，只是偶尔跟短语发生联系。比如，“着”主要附着于动词，“们”主要附着于称人名词或“我、你、他”等人称代词，像是词尾；但它们有时也附着于短语，如“发展和演变着”、“老师和同学们”，从这一点看它们还是词。为了能够反映“着、们”这些助词的特殊性，可以认为它们是词尾性助词。

不管词的身份明显程度如何，作为一种助加单位，所有的助词在句子结构中都是辅助性语法材料，不能成为句子成分。比如：华中师范大学学生→华中师范大学的学生——不管是否出现“的”，“华中师范大学”都是定语。出现“的”，是句法结构在形式上出现一个定语的标志。又如：你想吃点什么？→你想吃点什么呢？｜你想吃点什么吗？——不管是否出现“呢”“吗”，“你想吃点什么”都是问句。出现“呢”或“吗”，是句子在形式上出现一个标明语气类型的标志。

145. 如何区别助词和介词、连词？

同是非成分词，助词和介词、连词存在如何区别的问题。要注意以下两点：

[1]所在位置。绝大多数助词是后附着的，即出现在词语或小句的后边，介词和连词不存在出现在词语或小句后边的情况。如“着”“嘛”“呢”等都明显居于后位。典型的结构助词尽管用在定心之间、状心之间和心补之间，但也倾向于后附，即“的”倾向后附于定语，“地”倾向后附于状语，“得”更倾向后附于心语。这从以下的比较中可以看到：他是华中师范大学的学生。→他是学生，华中师范大学的。｜他十分惊奇地盯着大个子。→他盯着大个子，十分惊奇地。｜看他累得腰都直不起来了！→看他累得！

[2]所起作用。少数助词不是后附着的，但它们所起的作用不

同于介词和连词：它们不像介词那样把受介词语介引给动词，也不像连词那样具有连结的双向性。如："大家都被他的言辞和举止所打动。"这里，"被"是介词，介引"他的言辞和举止"给"打动"；"和"是连词，在"言辞"和"举止"之间起连结作用；"所"是助词，附着于"打动"，在被动格式中帮助表达被动的语法意义。

146. 什么是结构助词？典型结构助词有哪些？

结构助词是用在甲乙词语之间表明结构关系的助词。

典型结构助词有三个：[1]定语后边的"de"。书面上写作"的"。它用在甲乙词语之间，表明甲为定语，乙为心语。如：过路的人。如果心语隐去，剩下的"定语＋的"，就成为"的"字结构。如：(过路的人→)过路的。[2]状语后边的"de"。书面上写作"地"。它用在甲乙词语之间，表明甲为状语，乙为心语。如：慢慢地走。[3]补语前边的"de"。书面上写作"得"。它用在甲乙词语之间，表明甲为心语，乙为补语。如：走得很慢。

由于"的""地""得"跟"定·心""状·心""心·补"三种结构关系分别存在专一性联系，因此它们是典型的结构助词。语言运用中，它们可以在一个小句里同现。如：他的画渐渐地画得传神了。——"他"是定语，"渐渐"是状语，"传神"是补语。

147. 如何对待书面上"的""地""得"的分工？

三个结构助词"de"文字上分别写作"的""地""得"，这样的分工有利于帮助书面语显示结构关系，具有积极意义。比较：他高

兴地呵呵大笑。| 他高兴得呵呵大笑。——前一例,“地”标示出状心关系;后一例,“得”标示出心补关系。如果按口头上所说的,记录成“他高兴 de 呵呵大笑”,结构关系就没有那么确定。

由于“的、地、得”同定心、状心、心补的结构关系相联系,而这些结构关系一般人有时分不清,因此,按严格的分工来使用这三个字会遇到困难。比较妥善的办法是:一方面,面对现实,肯定几十年来已经形成的具有广泛群众性和社会性的分工写法;另一方面,不强求分工的严格性,有的时候有的地方可以灵活。具体说,可以提出这么几条要求:[1]定语后边必须用“的”,不能用“地”或“得”。如“美丽的校园”,不能写成“美丽地校园”“美丽得校园”。[2]状语后边通常用“地”,但用“的”不算错。不过,不能用“得”。如“广泛地传播”,也可以写成“广泛的传播”,但不能写成“广泛得传播”。[3]补语前边通常用“得”,但用“的”不算错。不过,不能用“地”。如“来得很意外”,也可以写成“来的很意外”,但不能写成“来地很意外”。

148. 哪些助词可以认为是准结构助词?

助词“给”“所”“来”“去”等,跟特定结构关系有联系,但未成为某种成分的专用标志。它们可以认为是准结构助词。

[1]“给”。这个词,通常出现在“介词结构 + 给 +VP”格式中。如:(大水)把河堤<u>给</u>冲垮了。| (河堤)被大水<u>给</u>冲垮了。——由于前边的介词结构充当状语,因而可以认为“给”跟状语有联系,但它不成为状语的标志。有的时候,“给”或“被”直接用在 VP 前边表示被动关系,它们也可以算作准结构助词。如:河堤<u>给</u>冲垮了。|

河堤被冲垮了。

［2］“所”。这个词，主要见于三个格式：① 介词结构 + 所 +VP。如：被猛烈的炮火所摧毁。——“所”帮助表达被动关系，前边是充当状语的“被”字结构或“为”字结构。②NP+ 所 +VP+ 的 + 心语。如：我所认识的老张。——“所”用在某些作定语的主谓结构中间，使主谓结构在定语位置上形成“NP 所 VP（的）”的特殊形式。“所”前边的 NP，可以依赖特定语境而隐去。如：我来的时间还很短，所见到的事情还不多。——隐去“我”。③ 有 / 无 + 所 +VP。如：有所改进｜无所顾虑——“所”用在“有 / 无 +VP”的动宾结构中间，帮助 VP 表示有限度的动量。以上三个格式中的“所”，分别跟状心、定心、动宾等关系相联系。此外，“所”还可以形成“所”字结构，如“所见”“所闻”“所知”等，数量不多。

［3］“来”“去”。这两个词通常出现在“介词结构 + 来 / 去 +VP”的结构之中。如：用酒精来麻醉自己｜用经济手段去解决问题。——这里的“来、去”已经不是趋向动词，它们用在介词结构和 VP 之间，帮助了状心结构关系的表达。

149. 什么是时态助词？典型时态助词有哪些？

时态助词是表明时态的助词。这类助词附着在以动词为代表的谓词性词语的后边，表示某种时态。

典型时态助词有三个：［1］“着”。念 zhe，轻读，表示持续时态。如“弹着钢琴”，行为正在持续。［2］“了”。念 le，轻读，表示实现时态。如“弹了钢琴”，行为已经实现。［3］“过”。念 guo，轻读，表示经验时态。如“弹过钢琴”，行为成为经验。“着、了、过”

往往被当作动词的形式标志，当它们附着在一个动词后边的时候，可以看作词尾。

不过，带“着、了、过”的词到底是不是动词，还得结合其他条件来检验。比方“为着、为了”，尽管有“着、了”，但属于介词；又比方“雨略微小过一阵”，尽管有“过”，但其中的“小”并非典型动词，而是形容词的动态化用法。

150. 哪些助词可以认为是准时态助词？

“来着”“着呢”和特定结构中的“的”，可以认为是准时态助词。它们表示跟时态有联系的意义，也具有附着性，但不能看作词尾。

[1]“来着”。这个词，表示行为状况已成为经验，说话时情况已有变化。它总是出现在句末，也可以认为是时态性语气助词。如：他刚刚还在这儿来着。（曾经在这儿，现在已不在。）如果带“来着”的句子用于反问，所表示的意思便是“未曾”。如：你什么时候告诉我来着？（未曾告诉。）有时，“来着”不是用在动词性词语后边，而是用在形容词性词语后边，如：“前几年妈妈的身体还十分壮实来着。”（曾经十分壮实，现在差些了。）

[2]“着呢”。这个词，既强调性状的程度，同时又强调性状的现实性持续。它总是出现在句末，也可以认为是时态性语气助词。如：张嫂的小酒店红火着呢！（很红火，红火的性状正在现实中持续。）它通常附着在形容词后边，不过有时也附着在动词结构后边，如：这种泥塑对外国人可有吸引力着呢！（“有吸引力”是动词结构。）有时，“着呢”是两个词：“着”是时态助词，“呢”是语气助词。如：

"门关着呢！"这里的"呢"可以不出现："门关着！"

［3］"的"。这个词，表示行为在过去发生，已经成为事实。总是出现在动词和宾语之间。如：我昨天进的城。|他上午买的车票。它有时用于问句，问的是已成事实的行为在过去的什么时候或什么地方发生。如：他什么时候参的军？|你在什么地方遇到的他？

151. 什么是表数助词？主要有哪些？

表数助词是帮助表达数概念的助词。它们或者附着在名词或名代词后边，或者附着在数词前后，都表示跟数量范畴有关的某种附加意义。包括"们""第"和"多、来、把"。

［1］"们"。这是个复数助词。用在指人名词或人称代词后边表示复数，轻读，具有词尾性。如：老师们|同学们|我们|他们|它们。跟"们"有点类似的是"等"。"等"可以说成"等等"、"等等等"，不像"们"那样可以看作词尾。

［2］"第"。这是个序数助词。附加在基数词的前边，一起表示序数，是构成现代汉语序数系统的重要语法手段，具有前缀性。如：第一|第九|第十八。

［3］"多""来""把"。它们是概数助词。用在基数词后边，一起表示概数。如：二百多(学生)|三十来(人)|万把(字)。"多"还可以用在数量词后边，如：一碗多|三斤多。"把"还可以用在"里、丈、斤、个"等量词后边，如：里把(路)|丈把(土布)|斤把(苹果)|个把(坏人)。

152. 运用复数助词“们”应该注意哪些问题？

首先，用“们”是为了在显性语法形式上标示出复数，但在隐性的语义内容上，不用“们”的名词不一定不是复数。比方，“学生们”肯定是复数，但“学生”也往往可能是复数。有一个例外现象：“娘们、爷们、哥们”尽管用了“们”，有时不表示复数。如：我讨厌你这个娘们！

其次，附着于名词的“们”，限于表示人的复数。如果附着于表人专用名词，“们”有一类人的意思，如“李白杜甫们”；如果附着于非表人名词，“们”有使事物拟人化的作用，如“猫们狗们”。

第三，对于代词来说，“们”附着于典型的人称代词。由于“它”指物，因而“代词＋们”也可以表示物的复数。除了典型的人称代词，“大伙儿”也可以说成“大伙儿们”，问人的“谁”也可以说成“谁们”。

第四，“名词＋们”的前头不能出现表示确定数目的数量词，如不能说“三个学生们”“四个教师们”“二十八个代表们”；但是，前头可以出现表示不定多数的词语，如可以说“诸位代表们”“各位先生们”“一群打手们”“一些学生们”。

153. 什么是比况助词？有哪些？

比况助词是表明比况意念的助词。

这类词附着在词语后边，构成以“(像)X 似的”为代表格式的比况结构。典型的比况助词是“似的”。如：鲜花似的｜像小老虎似的。所谓“比况”，有两个意义：一是比拟，二是测断。比较：

他那样子，像鸭子走路似的。（比拟）

他那样子，像有恃无恐似的。（测断）

“一般”“一样”有时相当于“似的”，也是比况助词。如：红玛瑙一般｜像芦柴棒一样。“似的”和“一般”有时可以说成“似”和“般”。如：兵爷们桩子似傻了，呆了。（吴昊《原因不详》）｜每次约会沈安妮都睁大眼睛，如梦似醉般聆听沈子平慷慨激昂述说满怀壮志。（张立国《沙猪传奇》）

154. 什么是语气助词？语气助词是否就是语气？

语气助词是用在句末借以加强语气表达信息量的助词。除了句中特殊用法，这类助词附着在句子末尾。如“的、了、呢、罢了、嘛、吗、吧、啊”等。

语气助词和语气有瓜葛，但它们不是一回事。语气是跟语调相联系的语法实体，不能切分为块状语法单位；语气助词是由于语气表达的需要而使用的语法单位，是一种块状语法单位。语气的表达是因，语气助词的使用是果。一个句子，如果没有语气助词，照样有语气；之所以使用语气助词，是为了在配合语气表明特定意旨的同时使语气表达的信息量得以加强。比如：他知道一些情况。→他知道一些情况的。｜他知道一些情况了。｜他知道一些情况呢。｜他知道一些情况罢了。｜他知道一些情况嘛。｜他知道一些情况啊。——这表明：陈述一件事，可以不用语气词；但也可以用上不同的语气助词，使句子的意思发生微妙的变化。

155. 语气助词和小句语气类型的关系如何？

不同语气助词适应于不同小句语气类型的选择需要，但它们同各类小句语气类型不是一对一的简单对应关系。

有的语气助词，比如“啊”，可以出现在感叹、陈述、祈使、疑问四种语气类型句子的末尾；有的语气助词，比如“了”“呢”“吧”，它们可以分别出现在陈述和祈使、陈述和疑问、疑问和祈使两种语气类型句子的末尾。

即使是“吗”，似乎一定得用于疑问句，其实，这只是文字问题，或者说，只是书面语里的问题。口语里的 ma 这个音，文字上可以写作“吗”，也可以写作“嘛”，是不一定只跟疑问句相联系的。比如：“他本来就不想去 ma”，孤零零地看，很难说是表示疑问语气还是表示肯定地陈述一件事的语气。李明《语气助词的音高分析》一文，提供了语音实验分析所得的证据：用于肯定语气的“嘛”一般都是低降调 21，或低平调 11，而用于疑问语气的“吗”有时也可念低降调 21，或念低平调 11。（见北京语言文化大学教务处编《北京语言文化大学入选第五届国际汉语教学讨论会论文汇编》164 页和 174 页，1996 年 8 月）

总之，选用什么语气助词来配合语气表述特定意旨，要看具体需要，做具体分析。

156. 如何判别语气助词“的”和结构助词“的”？

语气助词“的”用于句末，“的”字结构中的结构助词“的”有时也出现于句末。如：我是喜欢<u>的</u>。（语气助词）｜我是外来<u>的</u>。（结

构助词）

一般地说，可以从两个方面判别这两个“的”。第一，如果是语气助词“的”，它（连同句中出现的“是”）可以去掉；如果是“的”字结构中的结构助词“的”，它（连同句中出现的“是”）不能去掉。如：“我是喜欢的”可以说成“我喜欢”，“我是外来的”不能说成“我外来”。第二，如果是“的”字结构中的结构助词“的”，后边能够添加名词心语；如果是语气助词“的”，不能这么办。如：“我是外来的”可以说成“我是外来的干部”之类，“我是喜欢的”不能说成“我是喜欢的干部”之类。此外，如果单用“是的”，其中的“的”肯定是语气助词。如：（问）你愿意去？（答）是的。

有的时候，可能会遇到歧义句。到底是什么意思，要在特定语境中才能辨别。如：“我是刚到的。”如果等于说“我刚到”，其中的“的”是语气助词；如果等于说“我是刚到的代表”之类，其中的“的”是结构助词。

157．如何判别语气助词“了”和时态助词“了”？

一般情况下，语气助词“了”和时态助词“了”有较大的不同：语气助词“了”用于句末，它的前边可以是名词；时态助词“了”经常用于句中，而且紧跟着动词。比如：他买了计算机了。——句末的“了”是语气助词，句中的“了”是时态助词。

有的时候，“了”既用在动词后边，似乎是时态助词，但又出现在句末，似乎是语气助词。判别它们，需要注意两种情况：［1］“了”如果只表示情况变化，或者表示有所祈使，并不表示行为的实现，这样的“了”是语气助词。如：姑妈，我走了。（过几天再来看您。）|

听姑妈的话，把借款退了！［2］“了”如果既表示情况发生变化，又表示行为已经实现，这样的“了”是语气助词和时态助词的凝合形式。如：她个把月前就走了。（=她走了个把月了。=她个把月前就走了了。）｜我已经把借款退了。（=我已经退了借款了。=我已经把借款退了了。）

158．语气助词“啊”的读音和书写形式如何？

“啊”这个语气助词，不管是否用在感叹句的末尾，都有“呀”“哇”“哪”等变体。

连读时，如果前一个字末了的音是 i，“啊”念成 ya，可以写成“呀”，如：多么美丽呀！如果前一个字末了的音是 u、ao，“啊”念成 wa，可以写成“哇”，如：真苦哇！｜多好哇！如果前一个字末了的音是 n，“啊”念成 na，可以写成“哪”，如：多么狠哪！

以上所说的，方言区的人学习普通话时不易掌握，母语不是汉语的人学习汉语时不易辨察。是不是一定要那么念、那么写，在不需严格要求的场合，似可不必那么讲究，书面上统统写成“啊”就可以了。

159．语气助词是不是一定出现在句末？

语气助词通常出现在句末，但也有“句中特殊用法”，即出现在句子里成分与成分或词语与词语之间。这有两种情况。

［1］句子开头的一个成分后边用语气助词。如：他呀，这几年神气得很。｜原因么，是发表了几篇文章。｜文章呢，有的确实写

得不错。| 以最近发表的那篇来说吧，我们几个人都很爱读。——这么使用语气助词，一方面可以强调突出前边的成分，另一方面又表示语意未尽，后边将有述说。所用的语气助词不同，表意自然也有差异：用“呀”可以让人特别注意后边将说的话；用“么”有“论到”的意思；用“呢”既有“论到”的意思，也让人注意后边将说的话；用“吧”表明是举例性质。

[2]联合结构中各部分后边用语气助词。如：山啊，水啊，花啊，草啊，都像在随着人心欢笑歌舞。| 冰箱啦，彩电啦，录像机啦，都是他送给我的。——这里的“啊”“啦”，用来加强列举的语气。如果列举的是两个并列部分，也可以说成“A 啊 B 的”：猫啊狗的 | 跳啊唱的。如果列举的是存在选择关系的两个部分，也可以说成“A 啊还是 B”：当时我已经不知道手里拿的是镰刀啊还是锄头。

160. 怎样理解“词类”这个概念？

汉语的词类，指的是根据汉语里词的语法特征划分出来的词的类别。一般地说，所谓“词类”，专指名词、动词、形容词、副词、介词、连词、助词等这一层级上的语法分类。

“词类”上面，有上位类别，即成分词、特殊成分词和非成分词。划分的根据，是词的句法功能；划分的目的，是加强对各个词类之间的共同性和差异性的认识。

“词类”下面，有下位类别，即词类次类。如人物名词、时间名词和方所名词，这是名词的次类；及物动词和不及物动词，这是动词的次类。划分词类次类，是为了更好地认识各个词类内部的不同现象，以便更好地阐述有关的规律。任何一个词类都可以从不同角度划分为两个或几个次类，各个次类下面又可以划分出更多的次类。次类划分的不同角度和深浅程度，取决于进一步说明语法现象和阐明语法规律的需要，划分时都必须根据这样那样的语法特征。

161. 汉语里词的语法特征表现在哪些方面？

汉语里，划分词类所根据的语法特征，表现在形态、组合能力和造句功能三方面。

[1]形态——指构词和构形的语法形式。构词的语法形式，包括前缀和后缀。它们有构成新词的作用，并且有词类标志的作用。如：老三，老大，老张 | 剪子，胖子，月子 | 绿化，工业化，合作化。这里的"老""子"分别是名词前缀和后缀，"化"是动词的后缀。构形的语法形式，也就是词的变化方式。有两种：一是重叠式，把词或语素重叠起来表示某种语法意义；二是黏附式，把具有词尾性质的助词黏附在成分词后边表示某种语法意义。如：动词"观看"→观看观看（观看一下）| 观看着（正在观看）| 观看了（已经观看）| 观看过（曾经观看）；名词"观众"→观众们（多个观众）。"观看""观众"词性不同，构形的语法形式也有所不同。

[2]组合能力——指能或不能跟什么词组合的能力。如，"观看"是动词，可以说成"都观看、不观看、也观看"；"观众"是名词，不能这么办。反过来说，名词"观众"可以说成"两个观众、无数观众"，动词"观看"不能这么办。

[3]造句功能——指词在句子中能不能充当句子成分，能充当什么句子成分。如，"观众、观看"可以充当句子成分，而"和、如果、从、对于、的、吗"不能单独充当句子成分；"观众"可以充当主语、

宾语，不能单独充当谓语，而“观看”可以充当谓语或谓语中心，在一定条件下才能出现在主语宾语的位置。

162. 词的意义在词类划分中有什么作用？

在根据语法特征进行词类划分的过程中，词的意义具有参酌作用。

词类划分过程中，必须始终贯彻一条关于“分合”的同一性原则。即：同一意义并且在组合能力上具有共性的同一形式，不得分化为不同的类；不同意义并且在组合能力上不具有共性的同形形式，才应该分化为不同的类。

明确这条原则，始终遵守这条原则，可以保证在运用标准的过程中不致陷于混乱。而要贯彻这条原则，如果不参酌意义是做不到的。比较：细心的人，细心照顾他｜特别的人，特别照顾他——“细心”不管作定语还是作状语，都能加“很”，并且都表示“用心细密”的意思。这个词不应分化为两个不同的类，不能说作定语时是形容词，作状语时是副词。“特别”情况不同：有时表示“与众不同”的意思，“特别的人”可以说成“很特别的人”；有时表示“特地”的意思，“特别照顾他”不能说成“很特别地照顾他”。由于两个“特别”具有不同的意义，并且相应地在组合能力上具有不同的特点，它们属于两个不同的类，前者属形容词，后者属副词。

163. 如何看待语法特征的不规整性？

语法特征是词类划分的“主裁判”。有时，甲乙两个词可能在意义上是近似的，但它们具有不同的语法特征，属于两个不同的词类。比如：突然出现，非常突然地出现，突然事件，这件事很突然｜忽然出现，*非常忽然地出现，*忽然事件，*这件事很忽然。——“突然”和“忽然”分别是形容词和副词。

然而，汉语里词的三个方面的语法特征并非规整，完全对应。首先，实际作用有所不同。汉语的词缺少形态变化，词类在语法上的不同，主要表现在组合能力和造句功能这两个方面，尤其突出地表现在组合能力这一方面。因此，进行词性判别时，要特别重视词的组合能力的同异。其次，条件性质有所不同。对于某类词来说，有的语法特征可能是充足条件，有的语法特征可能是必要条件。比如，对于动词来说，“能带宾语”是充足条件，“能充当谓语中心”则是必要条件。因此，进行词性判别时，要分清条件的性质。第三，解释面有所不同。有的语法特征解释面较大，是全局性或带全局性的特征；有的语法特征解释面很小，但往往可以成为充足条件，也很有用处。因此，进行词性判别时，固然应该重视“面大特征”，但“面小特征”也不可忽视。

164. 判别词性有哪些论证方法？

词类划分，是从全局着眼，研究如何把词划分为若干语法类别；词性判别，是从一个一个具体的词出发，考察它们的特性，判定应该把它们分别归入哪个词类。对词性的判别，有以下三种论证方法：

［1］直判——根据某类词的语法特征直接判定某个词属于某一类。这是一种直接证明的方法。其公式为：“凡符合A类语法特点

的，属A类。X符合A类的语法特点，所以，X属A类。”比方，凡是能进入“为NPX过”格式的词，是动词。“着想”符合这个特点（“你为谁着想过？为我着想过吗？”），所以它是动词。

[2]排他——通过排斥其他各种可能，借以肯定只有某种可能。这是一种间接证明的方法。其公式为：“或者是A类，或者是B类，或者是C类。（没有别的可能）X不可能是A类B类，所以，X是C类。”比方，“必然”通常用作状语。这样的“必然”，或者是副词，或者是形容词，没有别的可能。它不可能是副词，因为副词不具备这样的特征：必然取得最后胜利→取得最后胜利是必然结果｜取得最后胜利是必然的。通过排他法的运用，排除了副词的可能性，就剩下只有形容词的可能性了。

[3]类比——已知甲词属某类，由此推知只能跟甲词同类的乙词也属某类。这也是一种间接证明的方法。其公式为：“X只能跟Y同类。（没有破坏性反例）Y是A类，所以，X也是A类。”比如“会心”，找不到明显的语法特征，通过跟“会意”的类比，可以判定它也是动词。

直判也好，排他和类比也好，都不是彼此孤立的，更不是相互排斥的。进行词性判定时，为了提高结论的可靠性，这三种方法可以综合使用。

165. 怎样判别词的同形异类现象？

同一个词的形式，在语法上分属不同的词类，这是词的同形异类现象。也叫“兼类”。如：我提个建议。（名）我建议暂时休会。（动）｜请比较这两个词。（动）这个词比较特殊。（副）

判定同形异类现象的归属，必须始终坚持分类的语法标准，并且按需要选用论证方法。

以“多”来说：① 他的论著很多。② 他又多了一个头衔。③ 他精通多种外语。④ 多好的学者！⑤ 他走了多久？——第一句，“多”受程度副词修饰，不能带宾语，是形容词；第二句，“多”不仅带“了”，而且带上了宾语，是动词；第三句，“多”跟量词“种”组合，是数词；第四句，“多”修饰形容词表示程度，具有纯状语性，是程度副词；第五句，“多”用于疑问，求代数量，是疑问代词。

再以“加以”来说：① 对这个改革方案，应该加以认真的讨论。② 他非常聪明，加以特别用功，所以进步很快。——第一句，“加以”带由双音动词充当的宾语，双音动词前边还出现定语。是动词。第二句，“加以”用在复句里分句与分句之间，表示进一层的关系，可以用连词“并且、而且”之类去替换。是连词。

166. 词类问题的症结何在？

在汉语语法研究中，词类问题是最大的“老大难”问题。问题的症结，说穿了，有两个。

第一，语法书里的词类系统是先验性的。从1898年中国第一部汉语语法著作《马氏文通》出版以来，出现了这样那样的汉语词类系统。如果把各种可能有的情况都考虑在内，词类系统可以分为两大类：① 穷尽类。系统所包括的各个词类可以穷尽所有的词，全无遗漏。② 不穷尽类。系统所包括的各个词类穷尽不了所有的词，有的词是被排斥在系统之外的“剩余词”。不管是哪种类型的，无一不带有先验性，它们都不是对客观存在的词进行全面分析和全面归纳的产物，而是先由语法学家所构拟然后又由语法学家加以解说的框架。不可否认，语法学家在构拟框架和解说框架时都在力求更接近于事实，然而，无论如何，这样的框架必然带有语法学家的成见和缺陷。

第二，对词类系统的阐述是护卫性的。构拟了一个系统，就需要进一步阐述这个系统。为了让人接受，不被否定，理所当然地需要千方百计对这个系统加以护卫。比方，以分类标准来讲，按说应该先有标准，然后才有类别。可是，现有的划分词类的标准却是“后天”的，是为护卫所构拟的系统而“想”出来的。以代词来讲，如果坚持语法特征上的同一分类标准，很难独立为一类，既然独立了，自然就需要做护卫性的解说了。

本书的词类系统存在同样的问题。正因如此，本书不是先讲分类标准，再讲分类系统，而是来个“马后炮”，先讲分类系统，再补充介绍可能有的标准和有关的问题。

167. 今后的词类研究面临什么样的选择？可以采取什么样的对策？

今后词类问题的研究，面临两种选择：第一，在现有成果的基础上逐步求完善。这就是说，即使明知存在先验性和护卫性的问题，也努力通过不断修正和不断充实来促使词类理论和词类系统向相对完善的方向发展。第二，推倒重来。对客观存在的词进行全面分析和全面归纳，产生理论，产生标准，然后产生系统。后一种选择自然很“革命”，但实践起来困难重重，到头来可能只成为一句空洞的“革命”口号。因此，实事求是的态度，恐怕还是应该采取第一种选择。

要在现有成果的基础上求完善，需要有“两手”对策：第一手，抓词类的基本特点和词的常规性质。其目的，是为了获得关于汉语词类的最基本的认识。一类词有一类词的基本特点，教科书对一类词的基本特点进行描述的时候，不大可能照顾到一些适用面很小的特点。另一方面，一个词有一个词的常规性质，一部词典给一个词标明词类的时候，不大可能全部顾及常规性质之外的各种各样非常规性质。一般地说，教科书和词典只需要这么“一手”就够了，然而词类研究却不能总是停留在这“一手”上面。第二手，抓词进入小句之后所形成的可以显示词性的种种格式。其目的，是为了对汉语词类作出深入细致的描写。一个词的语法功能要接受句规约，不管是组合能力还是造句功能的特点，都要入句以后才能实现。正因如此，跟一般所说的词的语法特征比较起来，词的入句结果所形成的格式要丰富得多，所包容的现象要复杂得多。诚然，对入句结果的有效了解，大大有利于词类划分和词性判别的工作。一部全面反映汉语词类的书，不能不抓这一手。

168. 解决词类问题的两手对策如何实施？

两手对策需要结合起来。在做法上，一部讲汉语词类的书，或者一部《汉语词类大全》，需要包括两个方面的内容。一方面，讲清词类的基本特点并标出各个词的常规性质；另一方面，给出可以显示词性的种种格式。所给出的格式，例如：“数X名”格式，X是量词；“X了名”格式，X是动词；“很X的名”格式，X是形容词；“已经很X了”格式，X是形容词的动态化用法。

前一方面的内容是基础，后一方面给出的格式是必要的补足。光有前一方面的内容不行，因为，一来不管怎么讲都不可能讲全，二来同形异类现象很多，如果大多数的词下面都注出兼属的两类或几类，不但繁琐，而且会使词类标明的工作变得没有多大意义。如果有后一方面的补足，情况就大大不同：即使前一方面的内容有较多的疏漏，问题仍然可以解决。至于到底给出多少格式才合适，这不是现在能够回答得了的问题。总的原则是，尽可能齐全。要做到这一点，需要大家群策群力，花若干年时间来进行研究和归纳。

值得注意的是，讲基本特征也好，给出特定格式也好，如果不了解词语的意义就不能掌握和运用，这正是掌握汉语语法的难点。外国人学习汉语，有必要词义和语法同时学习。

169. 成分词运用中常见什么偏误？

成分词运用中常见的偏误，主要表现为以下两点。

[1]词性误用。即在该用甲类词的地方用了乙类词。如：一个人活在世上，无非是两个生活吧，社会生活和家庭生活。社会生活，主要是有所事业……（《花城》1985年第1期70页）——“事业”是名词，而“有所”后边应出现动词。应该注意：汉语里存在“词性活用”的现象，但有些格式却有硬性的规定，非那么用不可。“有所X”就是一个硬性规定的格式，其中的X要求必须用动词。

[2]范围超越。即所用的词超越了适用的范围。如：有一天，他商量着二婶：“妈，我实在馋了，把罐子里的咸鸭蛋给我煮一个吃呗！”（《江城短篇小说》1984年第1期26页）——“商量”这个词可以带宾语，比如“张老师和几个班干部正在商量着怎样开展读

好书活动的问题”，但所带宾语必须是指事的对象宾语。这里让它带上指人的对象宾语“二婶”，超越了它的适用范围，因此读起来别扭。

170. 特殊成分词运用中常见什么偏误？

数量词运用中常见两种偏误：[1]数量词用在总称名词前边。如：每个人都知道，地球上25亿人类中，每4个人里面有一个中国人。（引自《语文短评选辑》，艾北方用例）——“人类”是所有的人的总称，应改为“25亿人”。[2]数量词后边出现跟它相排斥的语词。如：在抗战高潮中，许多革命作家和爱好文艺的青年从上海和全国各地来到延安和各个根据地的多起来了。（引自《词语评改五百例》，马真用例）——用“许多”，是静态地表述其多；用“多起来”，是动态地表述由少到多。二者语义重复，因此相互排斥，不能在一个句子的主谓两个部分同时并见。应去掉“许多”。

代词运用中常见两种毛病：[1]前词多，指代关系不明。如：小张和小李在路上遇见了，他告诉他昨天他买了一本新小说，问他看不看。——到底谁告诉谁，应该交代清楚。比方可以说成：小张告诉小李……，问小李……。[2]指代对象多，指代关系混乱。如：他顺口唱出了歌颂友情的诗篇表示对我们的欢迎之后，又突然发现有一位同志和他的爱人在一起，于是又成了他作诗的好材料。（引自《语文短评选辑》，张了且用例）——第一个和第三个“他”指那位作诗的人，中间一个“他”指那“一位同志”。同一个“他”，忽代甲，忽指乙，容易引起误解，应去掉中间的“他的”。

171. 非成分词运用中常见什么偏误？

非成分词运用中常见的偏误，主要表现为以下四点。

[1]误用。即用得不正确。如：奶皮子是内蒙古自治区呼伦贝尔盟或锡林郭勒盟牧区的名产。（引自《语文短评选辑》，王存维用例）——这里，“呼伦贝尔盟”和“锡林郭勒盟”是二者加合的关系，而不是二者择一的关系。“或”应该改成“和”。

[2]多用。即不该用而用。如：1980年速鸿增和郭建材都被当选为副县长。（引自《词语评改五百例》，施言用例）——“当选”本身就已有被选的意思，“被”字应该删除。

[3]少用。即该用而不用。如：从云龙山北望，不远处有一个高耸的土山，这便是被项羽尊为亚父的范增墓。（引自《语文短评选辑》，赵宁渌用例）——被项羽尊为亚父的是范增，而不是“范增墓”，“范增”和“墓”之间应该加“的”，说成：“……便是被项羽尊为亚父的范增的坟墓”。

[4]乱套。即错用了跟非成分词配套使用的词语，致使相对固定的格式乱了套。如：欧阳修对经学上的贡献（引自《语文短评选辑》，李夏用例）——“对”不同“上”配套。应该去掉“上”，或者说成“在……上”。

短语和小句特定句式

172. 怎样理解词的备用性和短语的组装性？

词和短语是级别不同的两类语法单位。对于遣词造句来说，二者有备用性和组装性的区别。

词具有备用性。一个一个的词，它们是定型的，客观存在的，可以成为词汇学的研究对象并被编成词典的。其备用性，表现在它们独立地存在于句子之外，需要时使用到句子之内。在中国，影响最大的词典是《现代汉语词典》。这是一部以记录现代汉语共同语语汇为主的中型词典，所收条目共约五万六千余条，大部分是典型的词。不管是不是典型的词，所收条目全都为了“备用”。造句时，如果不知道某个地方该用哪个词，可以查查《现代汉语词典》。

短语具有组装性。作为比词大的语法单位，短语是备用单位的组装。在绝大多数情况下短语都是随句组装，至于如何组装，取决于意旨表述的实际需要。对于同一个人，人们一下子可以说“鲁迅先生”，一下子可以说“鲁迅教授”，一下子可以说“伟大的作家鲁迅”，一下子可以说“鲁迅这位伟大作家”，诸如此类，不一而足。“鲁迅”“先生”“教授”“伟大”“的”“作家”“这”“位”这些词都是备用单位，而“鲁迅先生”“鲁迅教授”“伟大的作家鲁迅”“鲁迅这位伟大作家”之类却是从实际需要出发利用备用单位临时组装而成的短语。“开飞机”“坐飞机”“坐冷板凳”之类短语，组装性更为明显。正因如此，绝大多数短语都是自由短语。

当然，也有一部分短语是定型短语，包括专名短语和熟语。它们从意义到形式都整体使用，已经进入词汇单位的行列，属于备用单位。

173. 严格意义上跟短语相对立的词，有什么样的规定性？

跟短语相对立的严格意义上的词，具有三个方面的规定性。

第一，一个单音节形式，不可能是短语，而只能是词。比如“俩”和“仨”，尽管相当于“两个”和“三个”，但它们是单音节词。当然，一个单音节形式要成为词，它本身必须具有特定意义，并且能够独立活动。比如“腼”和“腆”，都不符合这个要求，因而都不是单音节词，“腼腆”合起来才成为一个双音节词。

第二，A和B两个单音节形式，只要其中一个不具有特定意义和不能独立活动，它们的组合不可能是短语，而只能是词。比如“妖娆”，尽管“妖”有意义，能独立活动，但“娆”不符合要求。因此，“妖娆”整个儿是一个双音节词，而不是词和词结合而成的短语。

第三，A和B两个单音节形式，如果它们都是词，它们结合成了短语，那么，它们的结合体具有可离析性，形式上可以插入别的语言成分。比如“很好”、“救活”、“牛羊”都是短语，可以离析成“很不好”、“救得活”、“牛和羊”，离析后并不变动A或B原来的意义。反之，要是相结合的AB共同形成一个整体意义，不能离析，便是一个双音节词。比如“美好”“成活”“山羊”，它们都是双音节词，“美”和“好”、“成”和“活”、“山”和“羊”结合起来表示一个整体意义，不能用插入别的语言成分的办法来进行离析。

174. 短语和词的基本区别表现在哪些方面？

短语和词的基本区别，表现在以下三个方面：

[1]单位的大小。短语是大于词的语法单位，一个短语起码包含两个词。短语所包含的词的数量，取决于人们造句时表述意旨的需要；在实际语言运用中，有的短语所包含的词可以多达数十个。

[2]音节的长短。短语的音节一般多于词的音节。词的音节，一般控制在三个之内。音节最少的，一个音节；音节最多的，一般不超过三个音节（如“冲锋枪”“游泳池”之类）。四个音节的词也有，不过，它们是词的特殊表现形态（如象声形式“叮叮咚咚”、重叠形式“漂漂亮亮”之类）。短语的音节，往少说不能是一个，至少得两个，不同于词；往多说可以是十几个、几十个甚至上百个，更不同于词。

[3]层次的多少。短语的结构层次多于词的结构层次。由于词的音节一般不超过三个，合成词在结构上一般最多只有两个层次，包含两种关系；而短语，由于其长度不受严格控制，它在结构上自然可以形成多个层次，包含多种关系。比如“看到歹徒打伤旅客的列车员”，这个短语就层层包容了以下关系：①定心（看到歹徒打伤旅客的列车员），②动宾（看到歹徒打伤旅客），③主谓（歹徒打伤旅客），④动宾（打伤旅客），⑤心补（打伤）。

175. 教学语法分析中短语和合成词最好如何认定？

作为级别不同的两类语法单位，典型的短语和典型的合成词有着明显的区别，二者容易认定。但是，从总体上看，短语和合成词之间存在严重的纠结，不能一刀两断。纠缠不清之处，主要表现在双音节和三音节的现象上面。由于这是不以人们意志为转移的客观事实，在教学语法分析中要确定一个单位是词还是短语，就只能人为地做出带有偏向性的规定。

从汉语发展上看，现代汉语的词倾向于双音节化。根据这一倾向，在难以断定的情况下，最好以两个音节作为“定词基准”。即：[1]用一般标准判断没有争议的现象。两个音节的单位，如果明显是两个词，自然确认为短语，如“好人”“很香”“不去”“是的”等等；三个或三个以上音节的单位，如果明显不成为短语，自然确认为一个词，如“解放军”“冲锋枪”“运动会”“金钱豹”“印度尼西亚”等等。[2]用“音节基准”处理“两难”现象。对于“两难”的单位，两个音节的判定为词，三个音节的判定为短语。比如“打倒、推翻”，两个音节，判定为词；“联系人、老干部”，三个音节，判定为短语。又如，“猪肉”是词，“猫肉”“鼠肉”也是词，而三个音节的“野猪肉”“野猫肉”“老鼠肉”，则是短语。

176. 教学中如何对待划分词和短语的一些麻烦问题？

在这个问题上，有必要注意以下四点。

[1]以两个音节作为“定词基准”来认定的词，有的是进行语法分析时“姑且”认定的词，而不是严格意义上的词。比如把“打倒”定为一个词，可是“打”和“倒”都有特定意义，都能独立使用，可以说成“打得倒”“打不倒”。这就是说，语法分析中的词已经是放

宽了限制的词。有的现象，比“打倒”之类还要典型。比如“河里、树下”之类由单音名词和单音方位词组合而成的现象，就是因为它们是两个音节，教学语法分析中通常都被处理为词。

[2]有的单位，通常用作词，但在语言运用中有时被插入别的语言成分，转化成了短语。对于这样的情况，可以把“本来形式”判定为词，把“扩展形式”判定为短语。例如“鞠躬、洗澡、散步”，这是本来形式，它们都是词；“鞠了一个躬、洗了一个澡、散了一会儿步”，这是临时性扩展形式，它们都是短语。

[3]尽管可以根据两个音节和三个音节来划开“两难”现象中的词和短语，但仍然存在问题。因为到底是否“两难”，可以见仁见智。有个折中的办法，这就是：用“短语词”这个术语来帮助解释一部分事实。比方，两个音节的，如果觉得不大像短语，但又不大像词，可以认为是“短语词”，如“据说、按理、不成”等等；三个音节的，如果觉得不大像词，但又不大像一般的短语，也可以认为是“短语词”，如“禁不住、差点儿、差不多、来不及、了不起”等等。

[4]不管用什么办法来解释有关事实，不同的人在处理上总难免出现分歧。在各持己见的情况下，可以认为各种处理都对。事实上，各种处理都不影响对构成成分间关系的认识。比如“差点儿”，甲判定为词，乙判定为短语，丙判定为短语词，这没什么关系，因为不同的判定并不影响对这个语言单位本身所包含的心补关系的认识。

177. 短语如何分类？

综观入句的功能，短语首先可以分为成分短语和非成分短语。一般的短语都是成分短语，它们一进入句子便成为这样那样的成分。通常提到“短语”，只指成分短语。少数短语是非成分短语，它们用来表明句间关系，如“换句话说”“否则的话”等等。这是一些虚化了的短语，数量不多，但作为篇章语法的重要建构因素，其语法作用不可忽视。

成分短语又可以从两个角度进行分类：[1]根据结构成分之间语义关系是否明显，短语可以分为关系类短语和标志类短语。如动宾短语是关系类短语，“的”字短语是标志类短语。[2]根据词性上的联系，短语主要可以分为体词性短语和谓词性短语。如“的”字短语是体词性短语，动宾短语是谓词性短语。

不管是哪一类短语中的哪一种短语，它们本身都是一种结构。正因如此，某种短语也可以称为某种结构。如动宾短语也可以称为动宾结构，“的”字短语也可以称为“的”字结构。

178. 关系类短语有哪些？

关系类短语是结构成分之间有明显语义关系的短语。

有的关系类短语，采用成分配对的方式组合而成。包括：

[1]主谓短语——结构成分之间具有主谓关系。

[2]动宾短语——结构成分之间具有动宾关系。

[3]定心短语——结构成分之间具有定心关系。

[4]状心短语——结构成分之间具有状心关系。

[5]心补短语——结构成分之间具有心补关系。

[6]兼语短语——结构成分中包含一个“兼语”。

有的关系类短语，采用依次排列的方式组合而成。包括：

[7]联合短语——结构成分之间具有联合关系。

[8]同位短语——结构成分之间具有同位关系。

[9]连动短语——结构成分之间具有连动关系。

179. 标志类短语有哪些？

标志类短语是结构成分之间语义关系比较模糊，只从语表上找出标志的短语。

这类短语的命名，有的利用前标志，即利用前面一个结构成分作为标志；有的利用后标志，即利用后面一个结构成分作为标志；有的利用双标志，即同时利用前后两个结构成分作为标志。

这类短语包括：

[1]能愿短语——前一个结构成分是能愿动词。

[2]介词短语——前一个结构成分是介词。

[3]“的”字短语——后一个结构成分是“的”字。

[4]方位短语——后一个结构成分是方位词。

[5]趋向短语——后一个结构成分是趋向动词。

[6]比况短语——后一个结构成分是比况助词。

[7]数量短语——前后两个结构成分分别是数词和量词。简称数量词。

180. 标志类短语在内部关系上情况如何？

标志类短语内部关系模糊，但模糊程度并不一致。大体说，有以下三种情况。

[1]有的说不上结构成分之间有什么语义关系。如“的”字短

语和比况短语，“的”和“似的”跟前面的结构成分之间很难说存在什么语义关系。

[2]有的结构成分之间最多只能认为存在某种“准关系”。如介词短语，介词和后置成分之间很像有动宾关系，但实际上并不是动宾关系，最多只能认为存在可以称之为“介宾关系”的准动宾关系。

[3]有的结构成分之间的关系不够明确，不好认定。如能愿短语，前边的能愿动词和后边的谓词性词语之间既像是状心关系，又像是动宾关系。如“能 VP”，一方面，“能”的作用在于辅助表意，在“只有答应我的要求，我才能跟你走”或“这么做准能行”这样的语法环境中，“能”可以不要，似乎分析为状语更合乎语感；但是，另一方面，“能 VP”通常可以跟许多动宾结构一样采用“能不能 VP”“能 VP 不能”的提问方式(能不能跟你走？| 能跟你走不能？)，因而又似乎很像是动宾关系。综合起来看，可以认为这是介于状心短语和动宾短语之间的一种特殊短语。

181. 体词性短语有哪些？谓词性短语有哪些？

体词性短语主要指名词性短语。这类短语，或者由名词和名词构成，或者以名词为主体构件组合而成，语法功能大体相当于名词。此外，方位短语、“的”字短语和数量短语也是体词性短语。

谓词性短语包括动词性短语和形容词性短语。动词性短语或者由动词和动词构成，或者以动词为主体构件组合而成，语法功能大体相当于动词。形容词性短语或者由形容词和形容词构成，或者以形容词为主体构件组合而成，语法功能大体相当于形容词。此外，能愿短语和比况短语也是谓词性短语；主谓短语和介词短语情况比较特殊，从句法功能看，可以附属于谓词性短语。

182. 主谓短语的结构成分如何？

主谓短语包括“主”和“谓”两个结构成分，它们可以是词，也可以是短语。只要其中的主语或谓语是短语，便成为复杂的多层次主谓短语。比方，“炮火猛烈”是主谓短语，只有一个层次；“敌人的炮火猛烈得出乎意料”也是主谓短语，但包含三个层次：

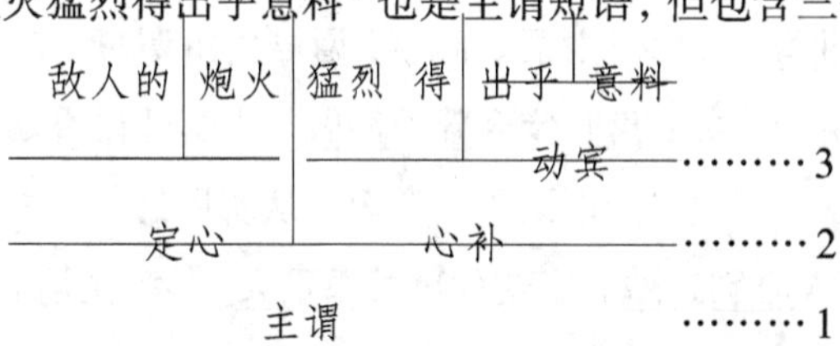

183. 主谓短语是什么性质的短语？句法功能如何？

主谓短语的性质具有一定的特殊性。就一般情况而论，“名·动”和“名·形”结构的主谓短语，由于结构核分别是动词和形容词，因而可以分别归入动词性短语和形容词性短语。但是，有必要注意两点。[1]有的主谓短语，谓语中心是动词，整个谓语却采用“非常X”的形式。如：“这个小伙子非常有毅力”。这样的主谓短语在结构成分上是动词性短语，在表意上却靠向了形容词性短语。[2]有的主谓短语由“名”和“名”构成，如：李白唐朝人丨我们新疆好地方。按说名名结合应该成为名词性短语，然而这种名名结合却隐含有“是”字，表意上靠向了动词性短语。

从句法功能看，主谓短语带上特定语气语调可以成为小句。如：“你走！”在小句里，主谓短语可以充当各种句子成分。如：这家伙，态度粗暴。（作谓语）｜态度粗暴的人怎么能当外交官？（作定语）｜他态度粗暴地打断了我的话。（作状语）｜他近来变得态度粗暴了。（作补语）｜态度粗暴是你的最大毛病。（作主语）｜切忌态度粗暴！（作宾语）当然，并不是任何一个主谓短语都可以充当任何一种句子成分，这要看具体情况。

主谓短语作谓语，情况较为复杂。主要情况有四种。[1]主语是受事，谓语用主谓短语表示施事者及其行为活动。如：这个人我见过。｜这种事谁肯干？[2]主语是施事，谓语用主谓短语表示受事者及所承受的行为。如：我们什么鞋子都做。｜李师傅香烟抽得特别凶。[3]主语表“物主”，谓语用主谓短语从所属的某一方面加以描写。如：这个人心胸狭隘。｜这件事关系重大。[4]主语表“整体”，谓语用主宾同形的主谓短语作分解式的说明。如：咱们各管各。｜火红的日子一天胜过一天。

184. 动宾短语的结构成分如何？

动宾短语包括“动”和“宾”两个结构成分，它们可以是词，也可以是短语。只要其中的动语或宾语是短语，整个动宾短语便是复杂的多层次动宾短语。比方，“医治伤员”是动宾短语，只有一个层次；“及时医治和精心护理伤势严重的伤员”也是动宾短语，但包含三个层次：

及时｜医治　和　精心｜护理｜伤势　严重　的｜伤员

状心　　　状心　　　主谓　　　………3

联合　　　　　　定心　　　………2

动宾　　　………1

动宾短语的宾语部分有时是双宾语。这时，双宾语是并举单位，跟动语都有联系，双宾语之间没有组合关系。即：

赠送	灾区人民$_1$ 御寒衣物$_2$
动	双宾

185. 动宾短语的语法性质和句法功能如何？

动宾短语是动词性短语。

动宾短语有时带上特定语气语调，可以成为非主谓句。如：刮风了？| 开船了？| 严禁烟火！| 出示证件！

在小句中，动宾短语最基本的功能是充当谓语或谓语中心。如：谁开船？（谓语）| 谁在开船？（谓语中心）此外，也可以充当其他各种成分。如：

新技师的录用降低标准了。（作谓语）

他们做出了降低标准的决定。（作定语）

他们降低标准地录用了几名技师。（作状语）

他们被逼得降低标准了。（作补语）

降低标准恐怕不是好办法。（作主语）

他们早就决定降低标准了。（作宾语）

跟主谓短语的情况一样，一个个具体的动宾短语相互间存在差异，并不是每一个动宾短语都可以充当谓语之外的其他各种成分。

186. 定心短语的形成有什么条件？

定心短语的形成有三个条件：① 心语是名词或具有名词性，前边不出现副词；② 定语是名词或具有名词性，后边往往带“的”；③ 用在主语宾语或介词后置成分的位置上，AB 结构成分之间用“的”。三个条件中，只要符合其中一个条件，便可以成为定心短语。如：他特别欣赏苏轼的诗词。——符合条件 ①②③ ｜他特别欣赏豪放的诗词。——符合条件 ①③ ｜他特别欣赏苏轼的豪放。——符合条件 ②③ ｜苏轼，宋朝人。——符合条件 ①② ｜高规格地接待他们！——符合条件 ①。

值得注意的是，符合条件 ③ 的定心短语，两个结构成分可以都不是名词或名词性词语。如：要把情况做深入的分析！——“深入的分析”作宾语，符合条件 ③，是定心短语，但“深入”和“分析”本身都不是名词。又如：凶猛 de 反击，打乱了敌人的部署。｜站在首长的面前，他们露出了讨好 de 微笑。——“凶猛 de 反击”和“讨好 de 微笑”分别用在主语和宾语的位置之上，这决定了它们是定心短语，书面上 de 一定要写成“的”。如果不符合这一条件，情况就会不同：战士们正在凶猛 de 反击。｜他们一个个都在讨好 de 微笑。——“凶猛 de 反击”和“讨好 de 微笑”都用在谓语位置之上，这决定了它们不是定心短语，而是状心短语，书面上 de 一般要写成“地”。

187. 定心短语的结构成分如何？

定心短语的两个结构成分可以是词，也可以是短语。只要其中的心语或定语是短语，整个定心短语便是复杂的多层次定心短语。比方，“苏轼的诗词”是定心短语，只有一个层次；“宋朝人苏轼的风格豪放的诗词”也是定心短语，但包含三个层次：

宋朝｜人｜苏轼 的｜风格｜豪放 的｜诗词
定心　　　　　主谓　　　　………3
同位　　　　　　　定心　　………2
定心　　　　　　　　　　　………1

188. “的”字的使用对定心短语有何影响？

定心短语中不一定出现“的”。“我母亲”和“我的母亲”，意思没有明显的区别。但是，“的”字的使用，往往会对定心短语发生影响。这主要表现在以下两个方面。

其一，“的”字的插入有时使定心短语的意义发生变化。如：北京大学→北京的大学（前者特指一所大学，加“的”后指北京所有的大学）。

其二，“的”字的插入有时对定心短语的形成起强制作用。如：儿子女儿→儿子的女儿｜梅园鹤园→梅园的鹤园｜后勤部组织部→后勤部的组织部（“名名”是联合短语，“名的名”成了定心短语）。又如：你们演员们→你们的演员们｜革命队伍新四军→革命队伍的新四军｜部队驻地万泉河一带→部队驻地的万泉河一带（“名名”是同位短语，“名的名”成了定心短语）。又如：母亲去世使他悲痛万分→母亲的去世使他悲痛万分｜要保持情绪稳定→要保持情绪的稳定（“名动”“名形”是主谓短语，“名的动”“名的形”成了定心短语）。

189. 定心短语的语法性质如何？

在语法性质上，定心短语是体词性的。就心语而言，定心短语有两类。

其一，心语由名词充当，或者是“名的名”，或者是“形的名”“动的名”等。这一类无疑是典型的名词性短语。

其二，心语由动词或形容词充当，或者是“名的动”“名的形”，或者是“形的动”“动的动”等。这一类情况比较特殊。一方面，它们的心语用了动词或形容词，是谓词性的；但是另一方面，它们在整体上又不能充当谓语，或者不能无条件地充当谓语，缺乏谓词性。如：

我讨厌你们的争吵。

我害怕生活的紧张。

这里的“吵闹”和“紧张”本是动词和形容词，但“你们的吵闹”和“生活的紧张”充当宾语，没有充当谓语的能力。又如：

我讨厌无休止的争吵。

我害怕毫无意义的紧张。

这里的“无休止的争吵”和“毫无意义的紧张”，如果要转变成为谓语，必须删除前边的动词“讨厌”和“害怕”，同时必须变动 de 的标记性质，书面上改为“地”：你们不要无休止地争吵！｜这些人，毫无意义地紧张！

190. 定心短语的句法功能如何？

定心短语有时带上特定语气语调，可以成为非主谓句。如：卑鄙的小人！｜野兽的嚎叫！

在小句中，定心短语的基本的功能是充当主语和宾语。如：七栋学生宿舍成为文明宿舍示范区。(主语—宾语)以名词为核心构件的定心短语，除了充当主语和宾语，还可以充当其他成分。如：新书的出版讲求高质量。（作宾语）｜高质量是第一位的要求。（作主语）｜这是一批高质量的书。（作定语）｜成果高质量。（作谓语）｜一定要高质量地完成任务。（作状语）

值得注意的是：可以作状语的定心短语是一种三个音节的“形名”结构，如上例的“高质量”。其中的形容词一个音节，所表示的意义跟事物的度量有关，包括“高、低”“长、短”“大、小”“粗、细”等；其中的名词两个音节，表示可以测定度量的笼统性较大的事物。同类的例子：高水平地发挥了特长｜低限度地使用了古代词汇｜长时间地关押了他们｜短距离地观察了周围地势｜大幅度地提高了产量｜小面积地栽种了热带水果｜粗线索地分析了课文｜细线条地描绘了面部表情。“质量、幅度”之类名词不能作状语，“高质量、大幅度”之类定心短语却可以作状语。这说明，定心短语中的“定·名”短语，其句法功能不完全等同于名词。

191. 状心短语和心补短语是怎么构成的？

“谓词为心，前状后补”，这是状心短语和心补短语的基本结构方式。

所谓“谓词为心”，是说心语由动词或形容词充当（除了极为特殊的情况）；所谓“前状后补”，是说某词语在前边修饰心语时构成状心短语，某词语在后边补充心语时构成心补短语。如“缓慢移动”“清楚地调查”是状心短语，“移动缓慢”“调查得清楚”是心补短语；又如“无比灵活”“出奇地活跃”是状心短语，“灵活无比”“活跃得出奇”是心补短语。

跟其他短语一样，状心短语和心补短语的构成部分都可以是词或短语。如果一个状心短语或心补短语内部包含有短语，这个短语便成为多层次短语。如：

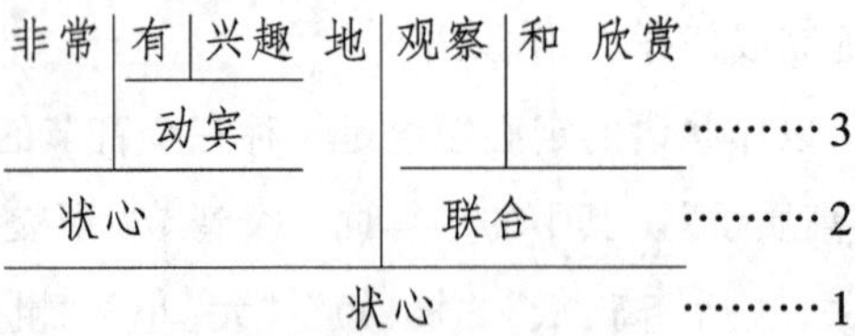

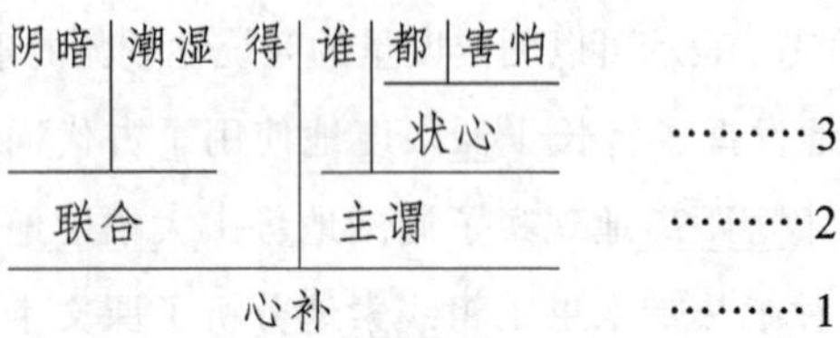

192. 状心、心补两类短语和结构助词“地”“得”的关系如何？

对于状心短语和心补短语的形成，结构助词“地”“得”有时具有强制作用。比较：

反抗坐着（?）→反抗地坐着（状心）

回忆说（连动）→回忆地说（状心）

吃头上冒汗（?）→吃得头上冒汗（心补）

老实可怜（联合）→老实得可怜（心补）

“地”“得”都是书面形式。如果只看口头形式，有的短语是歧义的。如：

得意 de 摇头晃脑

→得意地摇头晃脑（状心）｜得意得摇头晃脑（心补）

懊恼 de 坐在地下

→懊恼地坐在地下（状心）｜懊恼得坐在地下（心补）

到底 de 在书面上该是“地”还是“得”，只能根据具体语境来辨别。

193. 状心、心补两类短语的语法性质和句法功能如何？

状心短语和心补短语一般以谓词为核心构件，它们通常是动词短语或形容词短语。状心短语有时以名词、数量词或数量名结构为核心构件，如“（鞋子上）净泥巴”“就一间房子”“仅仅一间”之类，它们是特殊的体词短语。

状心短语或心补短语有时带上特定语气语调，可以成为非主谓句。比如公路拐弯处的字牌：向左拐！（状心）｜当心点！（心补）

在小句中，状心短语和心补短语通常充当谓语，有的还往往充当定语。此外，这两类短语有时还可以充当状语、补语和主语、宾语。如“过分苛刻”这个状心短语和“温暖如春”这个心补短语：

a. 条件过分苛刻。（作谓语）

不要提过分苛刻的条件。（作定语）

不应该过分苛刻地要求别人。（作状语）

所有条件都提得过分苛刻！（作补语）

过分苛刻不好。（作主语）

我反对过分苛刻。（作宾语）

b. 冬天的海南岛温暖如春。（作谓语）

温暖如春的海南岛吸引着无数冬日游人。（作定语）

海南岛温暖如春地吸引着无数冬日游人。(作状语)

青年们把冷冰冰的屋子闹腾得温暖如春。(作补语)

温暖如春是海南岛冬日的特点。(作主语)

堂屋里生了火，真正做到了温暖如春。(作宾语)

194. 联合短语的结构成分如何?

联合短语属于关系类短语的依次排列式。这类短语跟成分配对式短语的不同之处，在于它们只能直接分析出按逻辑顺序排列的结构成分，而不能直接分析出相互配对的句法成分。

联合短语的联合项可以是两个，也可以是三个及以上。充当联合项的词，一般是名词、动词或形容词，以及功能跟它们相当的代词。如：哥哥和嫂嫂(两个联合项)，柴米油盐酱醋茶(七个联合项)｜关心和帮助(两个联合项)，观察、了解和分析(三个联合项)｜严厉而善良(两个联合项)｜天真、纯朴和烂漫(三个联合项)。充当联合项的词有时也可以是数量词，如“三号、五号和七号(房间)”。在特殊的句法结构中，还可以是副词。如：这伙人，一贯和仍然放肆地蔑视法律。

如果充当联合项的是短语，换句话说，如果联合短语内部又包含短语，那么，就构成复杂的多层次联合短语。如：

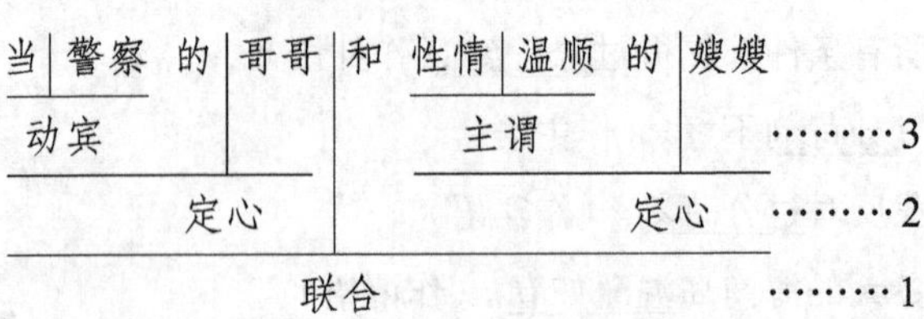

195. 联合短语的联合项有没有词性不同的情况？

联合短语的联合项，要求词性相同，如名名联合，动动联合，形形联合。有的时候也可以看到联合项词性不同的情况，不过由于接受特定语法环境的制约，会形成词性同化现象。

[1]名动联合。动词接受名词的同化，名动相当于名名。如：我代表中共中央向你们表示感谢和敬意。（邓小平《在全国科学大会开幕式上的讲话》）｜那双眼睛……明亮又深邃，映照着眉宇间所包容的幻想和沉思。（雨岛《超负荷运转》）——前一例是动名联合，后一例是名动联合，由于在宾语位置上接受同化，实际上都相当于名名联合。

[2]形动联合。动词结构接受形容词的同化，形动相当于形形。如：阿蓉……怨艾而充满希望地看着他。（哲夫《长牙齿的土地》）｜她又笑了，笑得那么畅快和无拘束。（张长《失去的凤尾竹》）——这两例都是“形容词＋动词结构”。由于在状语位置上接受同化，实际上相当于形形联合。

[3]形名联合。名词接受形容词同化，形名相当于形形。如：下去前个个文绉绉的，幼稚而书生，不出半年，再回县里办事，人也野了，话也粗了……（刘益令《仕途》）｜嘎珍在“内地班”读过书，……她比较“现代”和务实。（余纯顺《走出阿里》）——前一例是形名联合，后一例是名形联合，由于在谓语位置上接受同化，实际上相当于形形联合。

196. 联合短语有哪些联合标志？

联合标志是用在联合项之间标示联合关系的语法成分。

联合项可以按照一定的逻辑要求排列次序，直接组结，其联合关系是内含的；许多时候，联合项之间用上联合标志，这就使联合关系外显化。充当联合标志的，包括“和、及、或、并、而、又、而又、且”等连词或关联副词。

不同的联合标志，其前后结构成分在性质上不完全相同。比如：“和”和“或”，可以用在各种性质的结构成分之间；“及”，一般只用在名名之间（“厂长、经理及他们的秘书”）；“并”，一般只用在动动之间（“一定要检查并落实今年的招生计划”）；“而”“且”“而又”和“又……又……”一般只用在形形之间（“细致而深刻”“敏感且多疑”“热情而又爽快”“又快又好”）。

不同的联合标志，表示的具体关系不完全相同。有的表示并列，如“和、及、并、而、而又”等；有的表示选择，如“或”或“或者”；有的表示递进，如“且”或“而且”。如：聪明而壮实（并列）｜聪明或壮实（选择）｜聪明且壮实（递进）。有的标志，即使所表示的关系相同，意思也有差异。比方跟“和”相比较，“及”特别强调前后联合项有主次之分。如：张三、李四和赵五→张三、李四及赵五。“而又”这一标志比较特殊，它前后的两个联合项有时可以是同一个形容词。如：这一天平常而又平常。（高建群《遥远的白房子》）——这是一种强调说法，“平常而又平常”相当于“十分平常”。

197. 联合短语的语法性质和句法功能如何？

一般地讲，联合短语的语法性质和句法功能，跟联合项的词性相一致。即名名一般相当于名，动动一般相当于动，形形一般相当于形。不过，也有不一致的时候。这表明，短语的功能比词具有更大的灵活性。

举例说，名词和名名联合短语都可以作宾语，但是，有的名名联合短语可以带“地”作状语，单独一个名词却不行。比较：

他经常跑北京上海。

他经常跑北京。

他经常跑上海。

→他经常北京上海地跑。

*他经常北京地跑。

*他经常上海地跑。

再举例说，有些单音形容词及其联合短语都可以用在谓语部分，但是，形形联合短语可以带“地”作状语，一个单音形容词却不行。比较：

打击敌人一定要稳准狠。

打击敌人一定要稳。

打击敌人一定要准。

打击敌人一定要狠。

→一定要稳准狠地打击敌人。

*一定要稳地打击敌人。

*一定要准地打击敌人。

*一定要狠地打击敌人。

198. 同位短语的结构成分和句法功能如何？

同位短语包含两个结构成分，各为一个同位项。如：司机小张｜故乡绍兴｜他自己｜我们大家。充当同位项的词语，一方面必须是两个不同的词语，另一方面二者必须“同位复指”，即在同一句法位置上指同一个对象。不然，不能构成同位短语。如“故乡故乡”是词的反复，不是同位短语；“故乡是绍兴”，“故乡”和“绍兴”分别充当主语和宾语，也不构成同位短语。有的同位短语，其中的同位项又是短语，这是多层次同位短语。如：

大黑｜小胖｜两个｜人
联合　　　定心 ………2
同位　　　………1

同位短语是名词性的，其句法功能跟名词相当。表示人物的，经常充当主语、宾语或定语。如：工程师汪国盾办事特别认真。（作主语）｜部长特别欣赏工程师汪国盾。（作宾语）｜我同意工程师汪国盾的看法。（作定语）表示时间的，可以直接充当时间状语；表示方所的，往往同“在、到、从”等组成介词短语充当方所状语。如：我春秋两季看守庄稼。（时间状语）｜他从海口三亚那些地方买来了许多南方特产。（从＋同位短语，处所状语）

同位短语有时可以独用成句。如：［甲问］谁来了？［乙答］工程师汪国盾。（＝汪国盾）但是，同样的形式，有时可能不是同位短语，而是主谓短语。如：［甲问］有新的人事安排？怎么样？［乙答］工程师汪国盾。助手张邱山。（＝工程师是汪国盾。助手是张邱山。）

199. 跟姓名有关的同位短语有哪些值得注意的情况？

人的姓名及其职务、称谓等，很容易构成同位短语。值得注意的是：

第一，位次比较灵活。相对说来，职务、称谓在后时，整体性更强。如：教授李宇开→李宇开教授｜大哥汪国盾→汪国盾大哥。

第二，如果姓名在前、职务等在后，很容易省名留姓，出现“李教授、汪大哥”之类说法。这是一种近似短语词的说法。“吴先生、张同志、丁爷、赵嫂”等等，实际上也属于这种说法。

第三，有的时候，姓名前头并列几个职务，整个同位短语似乎是多分的。然而，实际上还是二分。如：全国政协副主席、著名物理学家、中国科学院院士钱伟长——“全国政协副主席”“著名物理学家”“中国科学院院士”三者之间并没有必然联系，它们实际上是分别同“钱伟长”发生复指关系的。因此，这个同位短语不是包含四个同位项，而是包含两个同位项，即：全国政协副主席、著名物理学家、中国科学院院士（联合）｜钱伟长（名）。

第四，有的时候，同位关系中包含同位关系，整个同位短语似乎是三分的，然而实际上还是二分。例如：全国政协副主席钱伟长教授——“全国政协副主席”和“教授”二者之间的联系不是必然的。“钱伟长教授”是一个同位短语，“全国政协副主席钱伟长教授”又是更大的一个同位短语，即：全国政协副主席｜钱伟长教授。

200. 连动短语和兼语短语的句法功能如何？

连动短语是动词性的，在小句里经常充当谓语。除了谓语，也可以充当别的成分。如：

我写报告辞职。（作谓语）

我气得写报告辞职。（作补语）

你就是写报告辞职的人？（作定语）

你决定写报告辞职？（作宾语）

写报告辞职是错误做法。（作主语）

有的连动短语，还可以充当状语。如：

关门打狗地把敌人消灭掉！（作状语）

兼语短语也是动词短语，在小句里面经常充当谓语。除了谓语，也可以充当别的成分。如：

他命令士兵开枪。（作谓语）

他气得命令士兵开枪。（作补语）

你就是命令士兵开枪的人？（作定语）

你决定命令士兵开枪？（作宾语）

命令士兵开枪是错误的。（作主语）

有的兼语短语，还可以充当状语。如：

情况在令人不可捉摸地变化着。（作状语）

连动短语是依次排列式短语，而兼语短语是成分配对式短语中结构比较特殊的一类。之所以把连动式和兼语短语放到一起，是因为连动句和兼语式在一定程度上存在纠葛。

201. 能愿短语的结构成分和句法功能如何？

能愿短语由"能愿动词＋谓词性词语"构成。有时，能愿动词部分可以是两个能愿动词的联用。如：游击区能够和必须进行军民的大规模的生产运动（《毛泽东选集》）｜文艺作品反映出来的生活却可以而且应该比普通的实际生活更高（同上）｜土地是地主的，农民不可能也不愿意用自己的力量去改良土地（同上）——这是能愿短语的复杂结构形式，是由成分共用法的应用而形成的。

能愿短语在语意表达上靠近“状心”，在变换方式上靠近“动宾”。但是，可以肯定，这类短语是动词性的。在小句里，这类短语的基本功能是充当谓语。此外，也可以充当其他成分。如：

你应该去！（作谓语）

这些都是该带的东西。（作定语）

这个碗大得可以当脸盆！（作补语）

能升学当然好！（作主语）

他表示愿意参加。（作宾语）

202. 介词短语的句法功能如何？“从X到Y”如何分析？

介词短语通常叫做介词结构，其基本功能是充当状语。有的时候，也可以充当别的成分。如：

你对我怎么看？（作状语）

这就是对我的所谓公正评价？（作定语）

他在会上谈了关于住房问题的几点意见。（作定语）

这到底是为什么？（作宾语）

我们要血战到底！（作补语）

“从X到Y”是跟介词短语有关的一个格式。这一格式有两种情况，分析时要区别对待：

第一，“介词短语+动宾短语”。从总体上说，这是个动词性短语。如：他今天从武汉到长春。——“从武汉”是介词短语，作状语；“到长春”是动宾短语，其中的“到”是一般动词，充当谓语中心。

其二，“介词短语＋介词短语”。这是一种特殊联合短语，表示系列性纵向联合关系，指称一段距离中所包容的形成序列的人物、时地、数量等。从总体上说，是体词性短语，整体功能相当于体词，而不同于介词短语“从X”或“到X”。如：

从青年教师到老教授都热烈发表意见。（表人，作主语。）

从幼儿园到研究生院都在兴建。（表物，作主语。）

从宿舍到校门口都打扫干净了。（表方所，作主语。）

从昨天到今天热得人透不过气来。（表时间，作主语。）

每班学生一般从二十五个到三十个。（表数量，充当谓语中心。）

从武汉到长春这段距离可不短呀。（表方所，跟“这段距离”组成同位短语作主语。）

203. 什么是介词的黏附化？如何看待介词短语作补语的现象？

所谓介词的黏附化，指出现在动词后边的介词往前黏附于动词。比较：

到长春来

来到（了）长春

在“到长春来”中，“到长春”明显是介词结构作状语；但在“来到（了）长春”中，由于“来到”和“长春”之间可以插入“了”，这就使介词“到”附向动词“来”，形成了特殊组合“动介（了）＋宾”。具体说，“长春”是“来到（了）”的宾语，“来到”是动补结构，“到”成了准动词，是补语性成分。

介词及受介词语出现在动词后边，按说整个介词短语应该成为补语。但是，在现代汉语里，“动介”后边可以用“了”，“介”有往前黏附于“动”形成“动介（了）+宾”的倾向。这就突破了介词跟受介词语组成介词短语充当一个成分的一般格局。不仅是“到”，“给、向、在”等介词也是这样。如：

我把一本新出的书送给（了）他。（动—宾）

战士们猛虎般扑向（了）敌人。（动—宾）

聘请专家的任务落在（了）我的头上。（动—宾）

只有下面两种情况，仍然应该分析为介词短语充当补语。其一，动词部分结构复杂，念起来，停顿在动词和介词短语之间。如：那些年，我们几人摸爬滚打在边区。｜这帮人，还能胡作非为到何时？其二，介词短语一共只有两个音节，念起来，停顿在动词和介词短语之间。如：婆婆病倒在床｜一定要坚持到底。

204. “的”字短语是如何形成的？其句法功能如何？

“X 的 Y”的定心结构，如果隐去心语 Y，“X 的”便成为“的”字短语。如：吃的（ ）｜塑料的（ ）｜看热闹的（ ）｜刚刚摘下来的（ ）。

“NP+ 所 +VP+ 的 + 心语”的格式，如果隐去心语，剩下的“NP+所 +VP+ 的”，也成为“的”字短语。如：老师所讲的问题→老师所讲的｜我所喜爱的小玩意儿→我所喜爱的。

“的”字短语通常叫做“的”字结构，指称事物，相当于人物名词，但句法功能少于人物名词。在句子里，“的”字短语充当主语、

宾语或介词后置成分。如：要狮子的过来了，看热闹的挤得人山人海。（作主语）| 我要买吃的。（作宾语）| 把来应聘的全都请进来！（作介词后置成分）

205. 比况短语是如何构成的？其句法功能如何？

比况短语通常也叫比况结构，由“（像）X+ 似的”构成。如：像哈巴狗似的 | 大水桶似的。“似的”所附着的词语，有的是动宾短语“像 +X”，有的不出现“像”，只出现 X。

作为比况短语的标志，“似的”有时只写成“似”，用在状语前边时可以写成“似地”。跟“似的”相当的，有“一样、一般、般”等。

“（像）X 似的”之类比况短语可以充当谓语、补语、状语和定语。如：

这家伙，像哈巴狗似的。（谓语）

这家伙，服帖得像哈巴狗似的。（补语）

这家伙，像哈巴狗似的让人讨厌。（状语）

这是像哈巴狗似的一个家伙。（定语）

206. 数量短语的句法功能如何？

数量短语也叫数量结构，通常只叫数量词。由于所包含的量词有物量和动量的区别，数量短语可以分为物量短语和动量短语。

物量短语由“数词 + 物量词”构成。基本功能是充当定语。如：三条鲤鱼 | 四斤猪肉。如果单独用在一个名词的后边起说明描写的作用，便成为谓语。如：鲤鱼三条 | 猪肉四斤。物量短语有时

也用来充当主语或宾语，这是在特殊语境中用事物数量指称事物。如：买了三条鲤鱼，一条还活着。（作主语）｜买了三条鲤鱼，已经吃｜掉了两条。（作宾语）

在两种情况下物量短语可以充当状语：其一，数量重叠式。如：请大家三个三个（地）自由组合。｜饭要一口口（地）吃。其二，量词为度量衡单位。如：四斤重｜三尺宽。

动量短语由“数词＋动量词”构成。基本功能是充当补语。如：看了一遍｜笑了一下。有时也充当状语。如：一次看不完｜三拳击倒了对方。

207. 什么是小句特定句式？同短语、同特殊句式的关系如何？

小句特定句式是在小句某一范围内构成的特定语法格式。所谓“某一范围”，有这样那样的着眼点。着眼点不同，归纳出来的句式名目也就不同。比方，着眼于某个字眼，可以归纳出“把”字句式、“被”字句式、“比”字句式、“用”字句式、“有”字句式等等；着眼于结构成分及其相互关系，可以归纳出连动句式、兼语句式、动补宾句式、动宾补句式等等；如果着眼于语意的表述，可以归纳出存现句式、判断句式、否定句式等等；如果着眼于结构成分的词性，可以归纳出“NN地V”句式、“V地V”句式等等。

从跟短语的关系看，小句特定句式是短语运用的具体化语法模式。不管着眼点如何，任何小句特定句式都跟这样那样的短语相联系。有的跟某种短语直接联系，如连动句式和连动短语，兼语句式和兼语短语；有的跟某种短语的某一小类相联系，如“NN地V”和

“V 地 V”都是状心短语。即使是以字眼命名的句式，仍然属于某种短语。比如“把”字句式、“被”字句式，其基本部分是“介词结构（把／被 +NP）+VP”，结构关系上也是状心短语。

特定句式并不等于特殊句式。常见的情况是，某个特定句式基本上属于一般句式，但它所包含某个子句式却是特殊句式。比如典型的“把”字句式，这是十分常用的一般句式，不能说是特殊句式；但“把”字句内部，谓语中心用形容词的一类，具有特殊性，如果将它归纳为“把 X+AP”句式，这才是特殊句式。至于“NN 地 V”句式，指的是并列名词作状语的现象，“V 地 V”句式，指的是动词作状语的现象，说的全是特殊的事实，自然是特殊的句式了。

了解汉语小句特定句式，对于深入了解汉语句法有重要意义。然而，从不同角度、不同层级归纳出来的特定句式很多很多，下面只能介绍存现句式等五种。

208. 什么是存现句式？基本格局如何？有哪些特点？

存现句式通常叫做存现句，是说明人或事物的存在、出现或消失的句式。基本格局为：

某处存在着（出现了／消失了）某人某物。

存现句的基本特点表现在三个方面：

［1］主语的方所性。主语总是表示方所，是于事主语句。如：贵宾席上坐着几位将军。｜我们村出了一件新闻。｜老王家死了一头猪。

［2］动词的存现性。带宾语的动词，有的表示存在的意义，如：

门口有两个石狮子。|屋子右边是一棵梧桐树。|沙发上躺着一个白发老人。|大厅里坐满了客人。有的表示出现或消失的意义，如：汽车道上出现(了)一部甲虫似的卡车。|洞里钻出来一只老鼠。|隔壁店里走了一批客人。

[3]宾语的施事性和不确指性。或者二性兼而有之，或者必须具有其中一性。比如“大树下蹲着一个人”，“一个人”是施事宾语，不确指，不能说成“大树下蹲着这个人”。有时宾语可以不是施事，但一定具有不确指性，如“墙上贴着一幅画”，“一幅画”虽然不是施事，却是不确指的，不能说成“墙上贴着这幅画”；有时宾语具有确指性，不过属于施事宾语，而且是由于结构趋简而形成的凝缩说法，如“车上跳下周恩来同志和王若非同志”（方纪《挥手之间》），这是趋简形式，由“车上跳下两个人，这两个人就是周恩来同志和王若非同志”凝缩而成。

209. 存现句的方所主语采取什么形式？跟时间主语、物体主语的关系如何？

存现句的方所主语，由表示方所的体词性词语充当。值得注意的是：[1]如果甲乙两个表示范围大小不同的方所词语连用，可以形成情况相当特殊的递减式双主语。如：茅屋里，睡着两个小男孩。|竹床上，睡着两个小男孩。→茅屋里，竹床上，睡着两个小男孩。[2]如果充当主语的方所词语前边出现“在、从、到”之类介词，那么“介词+方所词语”便构成介词短语，充当句子的状语。这样，存现句就由主谓句转变为非主谓句。如：对面急匆匆地跑来一个人。→从对面急匆匆地跑来一个人。

存现句的主语不会是时间主语。如果方所词语和时间词语同时在动词前边出现，方所词语是主语，时间词语是状语。如：校门口今天摆满了小汽车。｜去年武汉下过几场大雪。——这里，不管位次如何，方所词语“校门口”和“武汉”都是主语，时间词语“今天”和“去年”都是状语。如果动词前边只出现时间词语，这个时间词语仍然是状语，因为留有方所词语的空位，可以补出。如：昨晚来了几个客人。（=我们家昨晚来了几个客人）｜今天终于下起雨来了。（=我们这里今天终于下起雨来了）

存现句的主语也不会是物体主语。有的名词通常表示物体，但如果充当存现句的主语，便具有方所性。比如：盘子杯子全都爬满了蟑螂。

210. 连动句式是什么样的句式？基本特点是什么？

连动句式，简称连动式，是针对同一主语连续使用动词或动词结构的句式。如：我去游泳。（动词+动词）｜我写条子请病假。（动宾+动宾）｜我买份报看。（动宾+动词）｜我笑着躲开了他。（动词[着]+动宾）｜我抬起头笑了一下。（动宾+动补）｜我坐着不动。（动[着]+状动）

连动句式的基本特点有二：

[1]连动短语用作谓语，或者用作非主谓句。一个连动短语，如果用在定语、状语等位置上，不构成连动句式。如：我们今晚上街看戏。｜今晚上街看戏的人不多。——前一句，“上街看戏”用于谓语部分，是连动句式；后一句，“上街看戏”充当主语部分里的定语，整个句子属于主谓句式。

［2］所有连动项在语义上针对同一主语。这可以从三个方面来观察：① 连动项有不同形式，可以是词或者不同类型的短语，但每个连动项都可以连着主语单说。如：我去游泳。→我去。∨我游泳。｜我写条子请病假。→我写条子。∨我请病假。② 连动项相互之间有种种不同的关系，但是对于主语来说，各个连动项的语义指向是相同的。如"去游泳"重在表示行为的先发与后续，"写条子请病假"重在表示行为的方式与目的，"买份报看"重在表示后项是目的，"笑着躲开了他"重在表示前项是方式，"坐着不动"重在表示同一行为的肯定方面与否定方面；然而，在行为指向主语这一点上，它们是相同的。③ 连动项有时可以是三个、四个或更多，但总是保持能够分别连着主语单说这一特点。如：（他）提起水壶∨去厨房∨打开水。｜（他）乘火车∨离开武汉∨去三峡∨参观。

211. 连动式是否全都"动·动"连用？

有的连动式，第二连动项是形容词或形容词结构。这就是说，连动式有时可以是"动"和"形"连用。例如：

他学习用功。　　　　（动词＋形容词）

他照顾病人不细心。　　（动宾＋状形）

他打扫宿舍马虎得很。　（动宾＋形补）

"动""形"连用的连动式，连动项之间表示在某个方面怎么样的意思："学习用功"，等于说在学习方面用功；"照顾病人不细心"，等于说在照顾病人方面不细心；"打扫宿舍马虎得很"，等于说在打扫宿舍方面马虎得很。这就是说，这类连动式在构成上和关系上都具有特殊性。但是，这类连动式跟一般连动式仍然存在共性，即每

个连动项都能分别连着主语单说。如：他学习用功→他学习 V 他用功 | 他照顾病人不细心→她照顾病人 V 他不细心。| 他打扫宿舍马虎得很→他打扫宿舍 V 他马虎得很。

212. 兼语句式是什么样的句式？基本特点是什么？

兼语句式，简称兼语式，是一个成分兼属宾语和主语的句式。这是一种通过动宾结构的延展造成兼语现象的句式。比如，“引诱我们”，这是动宾式；“引诱我们上当”，这是兼语式。

兼语句式最基本的特点是包含有“兼语”成分。兼语成分对于前面的动词来说是宾语，对于后面的词语来说是主语。如“引诱我们”是动宾，延展出“上当”，就造成兼语现象：“我们”既是“引诱”的宾语，又是“上当”的主语。正因如此，凡是兼语式都可以分化出“动宾”和“主谓”两种结构。比如：区政府派出青壮劳力参加修渠。→派出青壮劳力 V 青壮劳力参加修渠。| 好奇心促使我答应了他。→促使我 V 我答应了他。| 代表们请求上级领导重视大家的建议。→请求上级领导 V 上级领导重视大家的建议。

兼语句式的构成基础是兼语短语，但如果一个句子有主语，兼语短语必须用在谓语位置上，不然，不能构成兼语句式。比较：区政府派出青壮劳力参加修渠。（作谓语）| 区政府已经通过了派出青壮劳力参加修渠的决定。（作定语）——前一例是兼语句式；后一例是主动宾句式，兼语短语充当了宾语部分里的定语。

213. 兼语式有哪些类型？

兼语式主要包括“使令”式、“爱恨”式和“有无”式。其中，“使令”式是兼语式的代表句式。

［1］“使令”式。兼语前头用带“使令”意义的动词，兼语后头的成分表示目的或结果。如：他的话使大家全都严肃起来。｜会议邀请一流学者作学术报告。

［2］“爱恨”式。兼语前头用“爱”“恨”意义的富于感情色彩的动词或动词结构，兼语后头的成分表示原因。如：我爱他聪明。｜你恨我提了你爸爸的意见？｜她看不起这个人为几个钱出卖灵魂！

［3］“有无”式。兼语前头用“有”或“没有”，兼语后头的成分述说有关事物的情况。如：我有几个亲戚当过外交官。｜我没有朋友在税务局工作。

214. 兼语式和主谓作宾句式有什么区别？

所谓“主谓作宾”，指主谓结构作宾语。兼语式和“主谓作宾”句式有些相似。

“使令”兼语式，能分化为两个分句，分句间有“行动·目的”或“行动·结果”的关系；主谓作宾的句子，不能这么办。比较：我要求他唱了一段昆曲。｜我听见他唱了一段昆曲。｜我知道他唱了一段昆曲。——前一例，“要求”有“使令”意义，可以分化为：“我们要求他，（结果）他唱了一段昆曲。”这是兼语式句子。中间一例是主谓作宾的句子，不能分化为“我们听见他，他唱了一段昆曲。”后一例也是主谓作宾的句子，即使勉强分化为“我们知道他，他唱了一段昆曲”，也不存在“行动·结果／目的”的关系。

“爱恨”兼语式，能分化为两个分句，分句间有“结果·原因”的关系；主谓结构作宾语的句子，不能这么办。比较：大家都讨厌

他不老实。| 大家都认为他不老实。——前一例，“讨厌”有“恨”义，可以分化为分别表示“结果·原因”关系的两个分句：“大家都讨厌他，因为他不老实。”这是兼语式句子。后一例是主谓作宾的句子，不包含因果关系，不能分化为“大家都认为他，因为他不老实”。

215. 兼语式和双宾语句式有什么牵连？

在两种比较特殊的情况下，兼语式跟双宾语句式有牵连。

其一，在一些称呼人物名号的双宾语句式中，两个宾语之间若加上“是、为、做”之类动词，就会形成比较特殊的兼语式。比如“我骂他大笨蛋”，这是双宾语句式。如果说成“我骂他是大笨蛋”，这便成为兼语式。同类的例子：大家都称他为小鲁班。| 你还叫他做师傅？

其二，在一些给予人物什么东西的双宾语句式中，两个宾语后边如果带上谓语性成分，就会形成特殊的“双兼语”句式。如：我给你一个馒头。→我给你一个馒头吃。——前一例是双宾语句式。后一例结构相当特殊：“你”是“给”的宾语，又是“吃”的主语，它具有明显的兼语身份；“一个馒头”也是“给”的宾语，但对于“吃”来说不是施事而是受事，只能勉强看成受事主语，它具有特殊的兼语身份。这样，句子里就出现了一个指人施事兼语和一个指物受事兼语的“双兼语”现象。同类的例子：他送你几块钱用。| 我赠你几本书看。

216. 兼语式的复杂化有些什么情况？

兼语式的复杂化，主要有以下两种情况。

[1]兼语多次连用。即句式中包含两个或几个兼语。这是“动宾－主谓”多次延展的结果。如：我可不可以再要求首长让我到班里去？｜我请经理派个司机送这个孩子回学校。——前一例包含两个兼语，后一例包含三个兼语。

[2]兼语连动交错。即兼语式和连动式交错组合。有时先连动后兼语，有时先兼语后连动，有时有更加复杂的情况。如：玉生站起来腾出一把椅子让他坐下。｜父亲鼓励邵华去江陵农村参加“四清”。｜她又吩咐秘书打电话派办事员开车上街买礼品。——前一例，先连动，后兼语；中间一例，先兼语，后连动；后一例，先兼语，后连动，再兼语，再连动。

217. 什么情况下会形成兼语连动两解式？

当兼语前头用“引陪”意义的动词的时候，有可能形成兼语连动两解式。即句式里混合了两种语义关系，既可以解释为兼语，也可以解释为连动。如：我陪着他看戏。——等于说“我陪着他，我和他都看戏”。一方面，就“我陪着他，他看戏”说，是兼语；另一方面，就“我陪着他，我也看戏”说，又是连动。又如：泽覃叔叔率领赣南独立师转战在武夷山。｜冯有梅引着徐国梁走出村东。——这两例，也同时包含了兼语和连动两种语义关系。

所谓“引陪”意义的动词，包括“引、陪、领、帮”等。用这类动词的句子，有可能兼语和连动两解，但也有可能只是兼语或连动单解：或者只能解释为“兼语”，或者只能解释为“连动”。这要在具体语境中根据句子的内容与客观实际的联系来断定。如：我马上引玉梅跟他相会。｜我天天帮大妈挑水。——前一例，实际上只是兼语式，因为玉梅才需要跟他相会；后一例，实际上只是连动式，因为大妈不挑水。

218. “把”字句式是什么样的句式？基本特点是什么？

“把”字句式，简称“把”字句，是以介词“把”作为字眼标志的句式。

基本特点表现在三个方面：

[1]句子中出现介词“把”，“把”字后边用名词性词语表示有定的、被处置或受影响的事物。如：把他砍了！|把行李清理清理！——“把”后边的“他”和“行李”都是有定的、被处置的事物。又如：她把观众都唱跑了。（她还说她唱得好听！）|我把鞋子走破了。——“把”后边的“观众”和“鞋子”都是有定的、受影响的事物。

[2]“把＋名词”之类作状语，对状心语不能用简单形式的一个动词，特别是不能用一个单音动词。如：我把钱一扔，转身就走。|我把钱交还失主。|我把钱清点一下。|我把钱寄出去！|我把钱收了！|我把钱数数！——“把钱”作状语，对状心语或者是一个动词短语，或者是动词带“了”，或者是动词的重叠形式。只有在特殊的场合，比方在唱词里，才会出现“把钱扔”“把钱交”“把钱数”之类的用法。

[3]“把”字句中若出现否定词“不、没”，一般用在“把”字前面。比较：你怎么不把申请书交上去？*你怎么把申请书不交上去？|我真后悔当时没把他的事情揭发出来！*我真后悔当时把他的事情没揭发出来！不过，也有特殊情况。比方，在用“当成”一类

动词的句子里，否定词“不”往往可前可后。如：你怎么能不把人当人？你怎么能把人不当人？｜我能不把你老兄的事当成我自己的事吗？我能把你老兄的事不当成我自己的事吗？

219. “把”字句中使用的词语有什么特殊情况？

“把”字后边一般要求出现名词性词语，但是，有时也可以出现一个谓词性结构。如：一定要把整顿学风当作一项重要工作来抓。｜请把小莲是怎么跟歹徒搏斗的写出来。——前一例的“整顿学风”是动宾结构，后一例的“小莲是怎么跟歹徒搏斗的”是主谓结构，它们都是谓词性结构。不过，在“把”字后边出现的谓词性结构表示有定的、被处置或受影响的事情，可以用“这件事”去复指，这表明它们在指称性上跟名词或名词性结构相通。如上例可以说成：一定要把整顿学风这件事当作一项重要工作来抓。｜请把小莲是怎么跟歹徒搏斗的这件事写出来。

“把＋名词”之类后边一般要求出现动词性词语，但是，有时也可以出现一个形容词短语。如：这一针，把我痛得直咬牙！｜一阵奔跑，把白马累得浑身大汗！——“痛”是形容词，“我”是受影响的人；“累”是形容词，“白马”是受影响的事物。两例中的“把”都有“致使”的意义。

220. “被”字句式是什么样的句式？基本特点是什么？

“被”字句式简称“被”字句，是以介词“被”作为字眼标志的句式。

基本特点表现在三个方面：

[1]"被"字后边用名词性词语，表示施行动作的人或事物。如：字据被老王烧了。|书被老鼠咬破了。有的时候，"被"字后边的词语表示无生命的事物，但它被说话人主观意念上认定为动作的施行者。如：字据被火烧了。|书被墨水弄脏了。

[2]"被＋名词"之类作状语，对状心语一般是包含有完结意义的动词性词语。如：敌军全被我们歼灭了。|李小松被校长批评得垂头丧气的。

[3]"被"字句的主语一定是受事主语。有的"被"字句只有一个受事成分，如上举各例。有的"被"字句，对于作为谓语中心的动词来说，前有受事主语，后有受事宾语，主语和宾语之间具有整体与部分的关系。如：四间房子被他们占用了三间。|大叔被匪徒砍断了一条腿。

221. "被"字句中使用的词语有什么特殊情况？

"被"字后边一般要求出现名词性词语，但有时名词性词语不出现，"被"直接用在动词前边。这是因为动作的施行者不可知，或者不必说出来。如：所有景物都被笼罩在一片浓雾里。|这个寺庙已被确定为国家级重点文物保护单位。——前一例，施动者不可知；后一例，施动者不必说出。这是介词"被"的特殊用法。这样的"被"可以认为已经助词化，成了句子里表示被动语法关系的黏合成分。

"被"字句中的动词性词语一般表示完结意义，但是，如果"被"字句用于假设语境之中，或者"被"字前边用了"可能、必将、已经"

等词语，那么，“被+名词”后边出现的双音节动词可以不包含完结意义。如：如果我的话被他误解，请你帮我做些解释。|我的意见可能被他采纳。|这一点必将被历史证明。——前一例，“被”字句用在“如果”后边；后两例，“被”字前边分别用了“可能”和“必将”。

“被+名词”之类跟心语之间有时出现助词“给”或“所”，形成“被……给 VP”或“被……所 VP”的形式。出现“给”，心语仍然要求用包含完结意义的动词性词语；出现“所”，心语只用一个动词，这个动词不带其他成分。如：这家伙，已经被公安局给抓起来了。|这个论点，已经被事实所否定。

222. “被”字句和受事主语句的关系如何？

“被”字句从属于受事主语句。“被”字句一定是受事主语句，但有的受事主语句不是“被”字句。作为特定的字眼标志，“被”字用来强调事物间存在被动关系，在不需特别强调被动关系的时候，可以不使用“被”字句，而使用一般的受事主语句。如：饭吃完了。|衣服洗干净了。——这是一般的受事主语句，因为是一般性的述说，不必用也不好用“被”。

“被”字所强调的被动关系，往往跟情况的不一般相联系。正因如此，同无标志受事主语句相比较，“被”字句有时在意味上强调情况异乎寻常，或者强调情况不如人意。比较：

厂门打开了！(我们进去吧。)

厂门被打开了！(可能要出事！)

前一例不用“被”，是一般性述说；后一例加个“被”，就显得情况异常了。再比较：

小张调到省里去了！

小张被调到省里去了！

前一例不用“被”，是一般性述说；后一例加个“被”，就显得这是条不一般的新闻。再比较：

我们的话他听到了。

我们的话被他听到了。

前一例不用“被”，是一般性述说；后一例加个“被”，就反映出不如意的心情：“糟糕了！”

复句和句群

223. 复句的构成单位是什么？书面上复句句末用什么符号？

复句的构成单位，要从两个方面来看。从构成的基础看，复句的构成单位是小句；从构成的结果看，复句的构成单位是分句。分析复句的构成，一般都重在分析分句与分句之间的结构状况及其相互关系。这是因为，一个复句一旦成立，其中的小句便不再是独立的一个一个单句，而是既相互独立又相互依存的一个一个分句。

一个复句，其构成单位不管是多少个分句，都在整个复句的末尾才出现一个终止性停顿，书面上一般用句号。如：

或者你去，或者我去。

或者你去，或者我去，或者我们俩人都去。

或者你去，或者我去，或者我们俩人都去，或者我们俩人都不去。

由于语气的需要，书面上复句句末有时也可以用问号或感叹号。如：

不是你去，就是我去？

不是你去，就是我去！

224. 如何理解复句中分句的结构地位？

复句中的各个分句，既相对独立，又相互依存。

一方面是相对独立。每个分句都有“句”的地位，甲分句不是乙分句里的一个成分，乙分句也不是甲分句里的一个成分。比较：

陈琳辞职的事，很快就传开了。

我不同意陈琳辞职。

陈琳辞职到底是不是好事？

陈琳辞职，工程进度会受影响吧？

第一例，“陈琳辞职”作定语，它被包含在什么事“很快就传开了”这个句子里头；第二例，“陈琳辞职”作宾语，它被包含在“我不同意”这件事这个句子里头；第三例，“陈琳辞职”作主语，它被包含在这事“到底是不是好事”这个句子里头；只有第四例，“陈琳辞职”和“工程进度会受影响吧”之间没有这种包含与被包含的关系，它们都是分句，组成一个复句。

另一方面是相互依存。分句毕竟是分句，而不是独立的小句——单句。这有三个方面的意思：

[1]甲分句和乙分句互有关系。换句话说，它们处在一定的关系之中。如：“尽管他不想去，可是他不能不去。”这个复句有两个分句，分句间有转折关系。

[2]甲分句和乙分句往往由特定的关系词语联结起来。特定的关系词语往往形成特定的复句句式。这就是说，它们出现在特定的格式之中。如上面这个复句，两个分句用“尽管”和“可是”联结起来，形成了“尽管……可是……”的句式。

[3]甲分句可以依赖于乙分句而简省某个成分，成为“蒙后省”

的分句；乙分句也可以依赖于甲分句而简省某个成分，成为“承前省”的分句。这就是说，它们可以互相依赖而有所简省。如上面这个复句，前后分句都用主语“他”，“他”可以蒙后省或承前省：

尽管 ø 不想去，可是他不能不去。（主语蒙后省）

尽管他不想去，可是 ø 不能不去。（主语承前省）

225. 复句中分句间用什么停顿？书面上用什么符号？

分句是“句”，但又只是“分句”。作为分句，相互间也有比较明显的停顿，但又是非终止性的句间承接停顿。这种停顿，并不表示意思已经可以终止和断掉，而是表示后边将会有紧密相关的意思。比较：

他没有上过大学。我们要不要他？

他没有上过大学，我们就不会要他了。

前一例，“他没有上过大学”是单句。后边用终止性停顿，表示意思已尽，借以把它跟后头的另一个单句隔开。后一例，“他没有上过大学”是分句。后边用非终止性停顿，表示意思未尽，必须跟下面的分句联结起来，才能表明特定意旨：正因为他上过大学，我们才会要他。

书面上，分句之间的停顿常用逗号表示，也往往用分号、冒号或破折号表示。如上面的例子分句间用了逗号。又如：

一方面，尽可能地保存自己；另一方面，尽可能地消灭敌人。

春天也有不好的地方：东西容易发霉。

前一例，分句与分句之间用了分号；后一例，分句与分句之间用了冒号，这个冒号也可以改成破折号。

226. 复句有哪些类别？

复句有三大类，共包括十二个基本类别。即：

[1]因果类复句。包括：

① 因果句

② 推断句

③ 假设句

④ 条件句

⑤ 目的句

[2]并列类复句。包括：

⑥ 并列句

⑦ 连贯句

⑧ 递进句

⑨ 选择句

[3]转折类复句。包括：

⑩ 突转句

⑪ 让步句

⑫ 假转句

复句的各个基本类别，都有特定的复句关系词语作为形式标志。分析复句的关系类别，主要指以上各个基本类别。

227. 什么是复句关系词语？

复句关系词语，是复句中用来联结分句标明关系的词语。

复句关系词语具有标志性，特定的复句关系词语所构成的句式，可以看作特定的复句格式。例如：

要是窃书的愿意送还，他还会偷么？既然是偷，就会做得神不知鬼不觉。即使有谁真的知情，也别指望会有人跳出来揭发。孔乙己的话，虽是狡猾，也有一点道理。（陈村《住读生》）

这里有四个复句。“要是……（那么）……”标明第一个复句是假设句；“既然……就……”标明第二个复句是推断句；“即使……也……”标明第三个复句是虚让转折句；“虽是……（但）……”标明第四个复句是实让转折句。

任何复句关系词语所标明的关系都是抽象的“逻辑—语法”关系，而不是具体句子的含义。

228. 复句关系词语的范围如何？

复句关系词语是根据联结分句、标明结构关系、形成复句句式的共同特点聚拢来的一些词语，没有十分明确的标准，因而也没有十分明确的范围。大体说，有四种：

[1]句间连词。如“因为、所以、虽然、但是、不但、而且”等等。

[2]关联副词。如“就、又、也、还”等等。

[3]助词“的话”。用于假设句，出现在假设分句末尾。

[4]超词形式。如“如果说、若不是、不但不、总而言之、别说”

等等。它们本身已不是一个词。有的超词形式，如“不但不”，是跨语法单位的非完整形式：“不但不 A，反而 B”，按层次关系，不是“不但不｜A，反而 B”，而是“不但｜不 A，反而 B”。

在词类系统中，关系词语不属于固定的类，可以是连词，也可以是关联副词，还可以是别类的词。在语法单位中，关系词语不处于固定的级，可以是词，也可以是比词大的单位。划定关系词语的范围，可严可宽，严宽的条件和处理的结果如何，有待于作进一步的研究。

229. 复句关系词语的作用如何？

复句关系词语的作用，需要从静态和动态两个角度去考察。

从静态的角度看，即从关系词语的运用结果看，关系词语的作用是标明复句关系。如“因为……所以……”标明因果关系，“虽然……但是……”标明容认性让步转折关系，“即使……也……”标明虚拟性让步转折关系。“标明”，通常也叫作“表示”或“标示”，指的是见于语表的静态结果。

从动态的角度看，即从关系词语的运用过程看，对于隐性的逻辑基础来说，关系词语的作用有四种：

[1]显示——用某种形式显示某种关系。即：两个分句之间本来隐含某种关系，人们运用表示这种关系的关系词语显示了这种关系。例如：隔了几道墙，声音仍然听得很清楚。（隐含转折关系）→<u>虽然</u>隔了几道墙，声音<u>却</u>仍然听得很清楚。（显示转折关系）

[2]选示——有选择地用某种形式显示两种或多种关系中的一种。例如，“学英语”和“学法语”，就逻辑基础而言，可能是地

位平等的，也可能是具有层级性的。因此，可以理解为并列关系，也可以理解为递进关系。表述中，甲看重其中的平等地位，便用“既……又……”标示为并列关系，说成“既学英语，又学法语”；乙看重其中的层级性，便用“不但……而且……”标示为递进关系，说成“不但学英语，而且学法语”。

[3]转化——用特定形式转化某种关系。比方实事虚拟，就是一种转化。如：当时处境十分困难，他仍然天天坚持写作。（实事实说）→即使当时处境十分困难，他也仍然天天坚持写作。（实说虚拟）

[4]强化——用特定形式强化已由某种格式所显示的某种关系。比如“这种浪费现象即使不严重，也应该引起我们的高度重视”，“不严重”和“应该引起我们的高度重视”之间本来有转折关系，“即使……也……”是表示先让步后转折的句式，因此已经显示了这种关系，但是，如果觉得还需要强调，就可以添加“但”，说成“这种浪费现象即使不严重，但也应该引起我们的高度重视”，这样，这个复句的转折关系便被突出地强调出来了。由于“强化”是在一种标志的基础上再加上一种标志，因此，强化的结果，就会造成“标志复现”的现象。

230. 如何理解因果类复句？

因果类复句，反映各种各样的“因果聚合”。事实的因果固然属于因果聚合，假定的因果也属于因果聚合；说明性的因果固然属于因果聚合，推论性的因果也属于因果聚合。这就是说，排除现实性和假设性、说明性和推断性等等差异，甲乙两事之间只要存在因与果相互顺承的关系，都是广义因果关系；属于这一关系范畴的复句，都是因果类复句。

以“因果聚合”的共同点为根基，根据关系标志的不同，可以把因果类复句分为因果句、推断句、假设句、条件句和目的句。比如：

因为他作了充分的准备，所以临场有很好的发挥。（因果句）

既然他作了充分的准备，临场就会有很好的发挥。（推断句）

如果他作了充分的准备，临场就会有很好的发挥。（假设句）

只有他作了充分的准备，临场才会有很好的发挥。（条件句）

他作了充分的准备，以便临场有很好的发挥。　　（目的句）

这些都是因果类复句。尽管它们的关系标志有所不同，但基本构成材料“他作了充分的准备”和“（他）临场有很好的发挥”之间都具有因果关系。

231. 什么是因果句？基本情况如何？

因果句专指说明事物间因果联系的复句。这是最典型的因果类复句，以“因为……所以……”为代表性形式标志。

从所用标志看，因果标志包括“因标”和“果标”。“因标”有“因为、由于”等，“果标”有“所以、因此、因而、以致”等。因标和果标同现，是同时强调前后所说的事互为因果；只出现因标时，偏重于强调事情的原因；只出现果标时，偏重于强调事情的结果。有时因果关系是隐含的，因标和果标都不出现，不过可以自然地补出。如：

因为天太冷，所以他不想出门。　（因标果标同现）

因为天太冷，他不想出门。　　　（现因标）

天太冷，所以他不想出门。　　　（现果标）

天太冷，他不想出门。　　　　（因标果标全隐）

从因果排序看，一般是“由因到果”，即“原因—结果”。不过，有时也可以是“由果溯因”，即“结果—原因”。情况有二：

其一，重在断定结果产生的原因。常用“（之）所以……（就／是）因为……”之类格式。“（之）所以”用在前边结果分句的主谓之间，“（就／是）因为”用在后边原因分句的前头。如：我们之所以有力量，就因为我们代表人民的利益。

其二，重在补充说明结果产生的原因。采用“……因为……”的格式。语流中，一般是顺着上文说出某种结果，紧接这个结果再补说一个原因，“因为”前边不用“是／就”之类。如：只要您开口，他一定会答应，因为您毕竟是老上级啊！

232. 什么是推断句？基本情况如何？

推断句是推断事物间因果联系的复句。这类复句，以“既然……那么—就……”为代表性形式标志。跟一般的因果句相比较，更强调以事实为根据，重在表述结论或行为的理据性。

从所用标志看，推断句主要由理据标志“既然”来标明，跟“既然”配合使用的“那么—就”是辅助标志。“既然”有时说成“既”。如：

既然找不到会场，那么，会议就只好改期了。（理据标志和辅助标志同现）

既然找不到会场，会议只好改期了。（只出现理据标志）

既找不到会场，会议只好改期。（既＝既然）

从推断过程看，推断句式往往是“据因断果”，有时是“据果断因”。前者以已然原因为根据，推断结果；后者以已然结果为根据，推断原因。如：

既然有奖学金，报考的人一定很多。（据因断果）

既然报考的人那么多，奖学金可能不少。（据果断因）

据果断因也可以用“……可见……”的形式。如：

报考的人那么多，可见奖学金不少。

233. 什么是假设句？基本情况如何？

假设句是由假设推论结果的复句。这类复句以“如果……那么—就……”为代表性形式标志，以虚拟性的特定条件作为推断的前提。

从所用标志看，假设句主要由假设标志“如果”来标明。同义形式有“要是、假如、如、倘若、设使、若”等等。“的话”是个特殊的假设标志，用在前分句末尾。跟“如果”配合使用的“那么—就”是辅助标志。如：

如果二珠出任队长，那么队员们就不会有意见。（假设标志和辅助标志同现）

如果二珠出任队长，队员们不会有意见。（只出现假设标志）

二珠出任队长的话，队员们不会有意见。（只出现假设标志）

从假设分句的安排看，通常是假设分句在前，结果分句在后。不过也有两种特殊情况：

第一，“如果……”有时后置。即先说结果，再用“如果……”补说一个假设。如：我会常来的，如果你不讨厌的话。

第二，“如果……”有时独用。即语表上隐去表示结果的语句，只出现表示假设的“如果……”。这种说法有一定的上下文，而且限于问句，句末要求带“呢”。如：[甲]我要找到他，向他讨个公道！[乙]如果他不肯见你呢？

234. “要不是……就……”是什么样的假设句？

“要不是”等于“如果不是”，“要”相当于“如果”。如：那晚上要不是老娘下了他的蒙心药，那北京姑娘就莫想活命了。

作为假设句，“要不是……就……”表达的是事物间事实上或推论上的因果联系，隐含“之所以非A，就因为是B”的意思，可以在前分句插入“因为”。如：那晚上要不是因为老娘下了他的蒙心药，那北京姑娘就莫想活命了。

这类假设句用来反证释因，突出甲事对乙事的决定性影响。它从“假设不是因为A”出发，经过推断，回转来归结到对否定的否定，即肯定，从而指明正是“因为A”。如：真难为你，要不是生病，一辈子也别想吃你做的饭。(王金屏《编辑夫人》)——“生病”是坏事，然而却引出了意想不到的好结果。这里用反证的办法，把“生病”作为值得庆幸的事情来强调，比说成“因为生病，才吃到了你做的饭”更能表达说话人的思想活动与心情。

235. “如果说……那么……”是什么样的假设句？

“如果说……那么……”是表示说法上的假设和结论的假设句。它总是以某种说法为假定的前提，引出相关的某个结论，分句与分句之间具有比较性或解注性。如：

如果说他是英雄，那么，你自然是更大的英雄了！

如果说做学问有这样那样的诀窍，那么最大的诀窍就是勤奋。

前一例，前后两个说法形成比较；后一例，后一说法对前一说法加以解注。

运用这一句式，可以加深人们对事情的印象。有时，运用这一句式还可以在篇章上起到承上启下的作用。比如，假如前面已经介绍小张的情况，后面想进一步介绍小李的情况，那么，可以这么过渡：

如果说小张是个人才，那么，小李则更值得注意。

这一句式里"说"字有时不出现，但可以添上。因此，看起来是"如果……那么……"，实际上还是"如果说……那么……"。如：

对于一个知识分子来说，如果字如其人，那么，书房也如其人。（德兰《求》）

（=如果说字如其人，那么书房也如其人。）

236. 什么是条件句？基本情况如何？

条件句是从条件推论结果的复句。这类复句以"只有……才……"和"只要……就……"为代表性形式标志，从条件关系的角度反映事物间的因果联系。

从所用标志看，条件句主要由条件标志"只有""只要"来标明。分别跟"只有""只要"配合使用的是"才"和"那么—就"。"才"和"那么—就"的结构地位有所不同："才"是必备标志，前分句用了"只有"，后分句不能不用"才"；"那么—就"是辅助标志，前分句用了“只要”，后分句可以不出现“那么—就”。如：

只有资金到手，问题才能解决。（“只有”和“才”同现）

只要资金到手，那么问题就能解决。（“只要”和“那么—就”同现）

只要资金到手，问题能解决。（只出现“只要”）

相当于“只有……才……”的形式，还有“必须……才……”和“除非……才……”。如：必须剿灭这股土匪，东庄人民才会过上好日子。丨除非剿灭这股土匪，东庄人民才会过上好日子。

从条件分句的安排看，通常是条件分句在前，结果分句在后。不过，有两种特殊情况：

第一，“只要……”有时后置。即先说结果，“只要……”补说一个特定条件。如：把我安排在哪里都行，只要有个地方住。丨我们可以既往不咎，只要你说真话。

第二，“只要……”有时独用。语流中，紧接上文可以隐去表示结果的语句，只出现表示条件的“只要……”。如：[甲]条件这么苛刻你也干？[乙]嗯。只要有饭吃。

值得注意的是：“只有……”有时充当复句的后分句，但隐含有“才行”的意思，不能原形移位成为前分句。这样的“只有……”不是后置用法。如：要大幅度地提高产量，只有实现农业现代化。等于说：若要大幅度地提高产量，只有实现农业现代化才行。不能说成：只有实现农业现代化，要大幅度地提高产量。

237. “只有”条件句和“只要”条件句有什么区别？

“只有”条件句提出的是必要条件，强调所说的条件“缺少不得”，口气坚决，要求偏严；“只要”条件句提出的是充足条件，强调所说的条件“有了就够”，应该满足也不难满足，口气缓和，带有宽容意味。比较：

只有坦白交代，才有出路！（不然便是死路一条！）

只要坦白交代，就有出路！（你还是有前途的！）

从客观实际看，有的条件只能是必要条件，而不可能是充足条件，因此只能采用“只有……才……”的形式。比较：

只有到过海南岛，才能深刻反映海南岛。（+）

只要到过海南岛，就能深刻反映海南岛。（?）

相反，有的条件只能是充足条件，而不可能是必要条件，因此只能采用“只要……就……”的形式。比较：

只要坐上1路电车，就可以过江到汉口。（+）

只有坐上1路电车，才可以过江到汉口。（?）

238. “如果”假设句和“只要”条件句有什么不同？

在逻辑学上，假设前提也就是条件前提，任何一个假设都是一个条件，因此，“如果……就……”也好，“只要……就……”也好，都描述为表示充足条件。然而，语法学上的处理不同于逻辑学，这是因为语法学更重视语言层面上的区别。

从语用选择上说，“如果……就……”和“只要……就……”有所不同：一方面，在纯粹假设的场合用“如果”，不好换成“只要”；另一方面，在实事虚说时用“只要”，不好换成“如果”。如：

如果你牺牲了，我怎么办呢？

只要有我李某在，你就别想翻天！

前一例，“我”和“你”面对面地说话，“你牺牲了”是纯假设，因此这里用“如果”很顺当，用“只要”则不行。后一例，“我”就站在“你”的面前，“有我李某在”显然是事实，只是用虚拟的口气说话。这里可以用“只要”，却不好用“如果”。

从表意重点上说，在所用语料相同的情况下，“如果……就……”偏重于假设，“只要……就……”重于条件。比较：

如果他有这本书，我一定帮你借来。

只要他有这本书，我一定帮你借来。

前一例重在把“他有这本书”说成一种假定的情况，后一例重在把“他有这本书”当作一种特定条件。这一点，可以从否定方面的表述得到佐证。比较：

如果他没有这本书，我有什么办法？

* 只要他没有这本书，我有什么办法？

这样的语境偏重于假设，不需要强调条件，因此用“如果”很自然，用“只要”则不顺当。

239. 什么是目的句？基本情况如何？

目的句是述说行为目的的复句。这类复句以“……以便……”和“……以免……”为代表性形式标志，从行为和相应目的的角度反映事物间的因果联系。

从所用标志看，目的句主要由目的标志“以便”“以免”来标明。“以便”有时说成“以、借以、用以、好”等；“以免”有时说成“以防、免得、省得”等。如：

我们决定采取第一方案，以便节省时间。

临走前最好再检查一遍，以免丢下什么东西。

从因果联系看，目的式中前后分句互为因果。一方面，前分句表示实现某种目的的依据或凭借，可以看作是某种目的得以实现的原因；另一方面，后分句表示所要达到的目的，又可以看作是需要采取某种行动的原因。如：

必须小心谨慎，以便按时完成任务。

=① 只有小心谨慎，才能按时完成任务。（“小心谨慎”为因）

② 须要小心谨慎，因为要按时完成任务。（“小心谨慎”为果）

240. “以便”目的句和“以免”目的句有什么区别？

“以便”目的句表示求得，即企求取得某种结果；“以免”目的句表示求免，即企求避免某种结果。它们的使用，适应不同的语用需要。比方，向前方将士发出指令：“迅速推进，以便早日消灭敌人！”这时用“以便”。又比方，在公共汽车上贴条告示：“注意钱包，以免被扒窃！”这时用“以免”。

对于主语来说，求得的事是有利的事，求免的事是不利的事；但是，从社会效果看，求得的事不一定是积极性的，求免的事不一定是消极性的。如：

敌军佯装后撤，以便麻痹我军情绪。

敌军佯装后撤，以免我军发动猛烈炮击。

从语义上看，“以免”怎么样相当于“以便避免”怎么样，因此求免实际上也是一种求得。只是，“以免”和“免得、省得”都是一个词，结合得很紧，已经成为一个语法标志，不是什么时候都可以用“以便避免”来替换的。如：

把这次宴会取消了也行，省得你太忙了。

如果把这里“省得”换成“以便避免”，十分别扭。

241. “越……越……”是一种什么样的复句句式？

“越……越……”是一种条件倚变句句式。从属于条件句，是因果类复句的一种，也可以说成“越是……越是……”或者“愈……愈……”。

这类复句句式，一方面表示充足条件关系，大体相当于“只要……就……”。如“爬得越高，摔得越重”，相当于“只要爬得越高，就会摔得越重”，另一方面，分句间具有倚变关系，“越A”和“越B”是变异的条件和结果。AB或者共增共减，正比倚变；或者一增一减，反比倚变。如：

时间越长，成功的可能性越大。（正比倚变：长—大）

时间越短，成功的可能性越小。（正比倚变：短—小）

时间越长，成功的可能性越小。（反比倚变：长—小）

时间越短，成功的可能性越大。（反比倚变：短—大）

条件倚变有时形成连环形式。或者“顺环”：越X，越Y，（越Y，）越Z；或者“反环”：越X，越Y，越Y，越X。如：

越高兴，越着急，（越着急，）也就越结巴。（顺环）

心里越烦，越做不好，越做不好，心里越烦。（反环）

242. “与其……不如……”是什么样的复句句式？

“与其……不如……”是一种择优推断句式。从属于假设句，是因果类复句的一种。“与其”有时说成“如其”，“不如”有时说成“还不如”“倒不如”“真不如”。如：

与其再等几个小时，不如走路去。

与其走路去，不如再等几个小时。

一方面，这类复句具有择优性。“与其A，不如B”是舍A择B，前项A是落选项，后项B为优选项。对于落选项和优选项，都可以分别添加贬义评论语和褒义评论语。如：

与其再等几个小时活受罪，不如走路去痛快些。

与其走路去把人累死，不如再等几个小时人要舒服些。

另一方面，这类复句具有推断性。前分句“与其……”往往可以替换为“要是……”，后分句“不如……”往往可以替换为“为什么不……呢”。这表明，择优推断和假设推断有相通之处。如：

与其再等几个小时，不如走路去。

→要是再等几个小时，不如走路去。

与其再等几个小时，为什么不走路去呢？

243. 如何理解并列类复句？

并列类复句，反映各种各样的“并列聚合”。横式并列固然属于并列聚合，纵式并列也属于并列聚合；共时性的并列固然属于并列聚合，历时性的并列也属于并列聚合。这就是说，排除种种差异，几件事之间只要存在并举罗列的关系，而不存在因果联系，那么都是广义并列关系。凡属于这一关系范畴的复句，都是并列类复句。

以“并列聚合”的共同点为根基，根据关系标志的不同，并列类复句可以分为并列句、连贯句、递进句和选择句。比如：

既出版了你的书，也出版了我的书。（并列句）

先出版了你的书，接着出版了我的书。（连贯句）

不但出版了你的书，而且出版了我的书。（递进句）

是出版了你的书，还是出版了我的书？（选择句）

这些都是并列类复句。尽管它们的关系标志有所不同，但基本构成材料“出版了你的书”和“出版了我的书”之间都具有横的或纵的、共时性的或历时性的并举罗列关系。

244. 什么是并列句？基本情况如何？

并列句是分句与分句相互并列的复句。有三种：[1]平列式并列句；[2]对照式并列句；[3]解注式并列句。其中，平列式并列句是典型并列句，对照式和解注式并列句都有特异之处。正因如此，分析复句时，碰到平列式，可以标注为“并列”，碰到对照式和解注式，则最好标出“对照”和“解注”。

平列式并列句，简称平列句，可以选择“既……又……”作为代表性标志。“既……也……”、“又……又……”、“也……也……”、“一边……一边……”、“一面……一面……”、“一方面……另一方面……”等，也是平列句的标志。如：

她既会作诗，又能写一手好字。

她既不是教师，也不是学生。

她又勤劳俭朴，又体贴老人。

她也没有出门，我也没有出门。

她一方面苦苦练琴，一方面选修古典文学。

平列句不一定都使用成对的标志。这需要注意两种情况：

第一，有的平列句中只出现一个标志，但可以添加上与之呼应的另一个标志。如：这里听不到狗叫，也看不见灯光。→这里既听不到狗叫，也看不见灯光。

第二，有的平列句是纯粹的“无标组合”，不用标志，也添加不上标志。这类复句，书面上很容易被处理成为两个或几个句子。如：我叫黎明，这位是省里来的记者。（复句）→我叫黎明。这位是省里来的记者。（句群）

245. 对照式和解注式的并列句情况如何？

对照式并列句，简称对照句，前后分句之间是对照关系。有对照就有忤逆，这种关系跟转折关系有相通之处，但是，对照句里不出现转折词。

对照句有两种：[1]然否对照。其语表形式为“不是……而是……”、“是……而不是……”。如：他不是祝贺你，而是在讽刺你。｜他是想借故离开，而不是真的要开理事会。[2]反义对照。这是一种“无标组合”，通过语汇上的反义语词形成对照关系。如：敌人一天天烂下去，我们一天天好起来。

解注式并列句，简称解注句，前后分句之间有解注关系。其特异之处，就在于不是甲与乙平行列举，而是甲乙相互之间有所解注。

解注句有两种：[1]对等解注。一般只有两个分句，内容对等，分句间常用“这就是说”“换句话说”之类关联性独立语作为标志。如：文如其人，换句话说什么样的人就写什么样的文章。这类复句有时是无标组合。不管是否有标，通常是后分句解注前分句，但用甲事比喻乙事时却是前分句解注后分句。如：一根麻线难搓绳，一人难办大事情。[2]总分解注。包括“总”“分”两个部分，“分”的部分起码平列两个分句，因而实际上是二重复句。有的先总后分，以“分”解注“总”。如：他有两个儿子，一个当了演员，一个还在读中学。有的先分后总，以“总”解注“分”。如：小张今年二十八，小李今年二十三，两人都是硕士研究生。

246. 什么是连贯句？基本情况如何？

连贯句是表示先后相继关系的复句。

连贯句所说的事，在时间先后上形成纵线序列，是历时性的。其典型标志，是“接着”和“然后”。如：

我们握手道别，接着各奔前程。

我们握手道别，然后各奔前程。

“接着”着重表明动作相承接，“然后”着重表明动作分先后。在动作明显分为先后两段时，宜用“然后”；在需要表明动作一个接一个发生时，用“接着”显得更为流畅。如：你先把他送走，然后请你自便。｜我看到亚女匆匆出门，接着看见阿龙气鼓鼓地赶过去。——这里的“然后”和“接着”若互相替换，都不如原来的好。

连贯句里有时也用“这才”“才”“就”“便”“又”“于是”等关系词语，但它们可以替换为“接着”或“然后”。如：我送了他几块钱，便让他离开刘庄。

有的连贯句是无标组合，未用关系标志，不过可以自然地把“接着”“然后”之类添加上去。如：我下了楼，在门口买了几个大红橘子，塞在手提袋里，顺着歪斜不平的石板路，走到那小屋的门口。（冰心《小橘灯》）→我下了楼，接着在门口买了几个大红橘子，塞在手提袋里，然后顺着歪斜不平的石板路，走到那小屋的门口。

247. “一……就……”是什么样的复句句式？

“一……就……”是兼表连贯关系和条件关系的复句句式。有时单纯强调A B行为紧接，相当于“……接着……”，是连贯句；有时在强调行为紧接的同时表示A为B的特定条件，相当于“只要……就……”，属于条件句。如：

一坐下，她就扒在办公桌上哭了起来。（连贯句）

一接到通知，他就会立即赶来的。（条件句）

“一A，就B”前头有时出现“刚、从、这么、只要、如果”等，形成了“刚一A，就B”、“从一A，就B”、“只要一A，就B”、“如果一A，就B”等说法。如：

刚一调查，他就感到情况不妙。

从一调查，他就感到情况不妙。

只要一调查，他就会感到情况不妙。

如果一调查，他就会感到情况不妙。

用“刚”，强调A于始发点同B紧接；用“从”，强调A自始至今同B紧接。二者都可划归连贯句，但已不能直接添加“接着”或“然后”。用“只要”，强调A作为特定条件同B紧接，属于条件句；用“如果”，强调A作为假设情况同B紧接，属于假设句。

248. 什么是递进句？基本情况如何？

递进句是分句间有更进一层关系的复句。有三种：[1]顺递式递进句；[2]反递式递进句；[3]反逼式递进句。其中，顺递式递进句是典型递进句，反递式和反逼式递进句都有特异之处。正因如此，分析复句时，碰到顺递式，可以标注为“递进”，碰到反递式和反逼式，则最好标出“反递”和“反逼”。

顺递式递进句，简称顺递句，以“不但……而且……”为代表形式。如：不但让他去，而且让你去。“不但”是预递词，“而且”是承递词。预递词还有“不仅、不只、不单、不光、非但”等；承递词还有“并且、且、甚至、就连”等。

预递词和承递词，不管出现一对还是出现一个，都可以保证递进句式的成立。如果句子里预递词和承递词都不出现，那么，就不能认为是递进句。比较：

他不仅能作曲，而且能演唱。（递进句）

他不仅能作曲，也能演唱。（递进句）

他能作曲，而且能演唱。（递进句）

他能作曲，也能演唱。（并列句）

249. 反递句情况如何？

反递式递进句，简称反递句，表示以一个否定意思为基点，向一个肯定意思反转推进。“不但不……反而……”是其代表形式。如：不但不让他去，反而让他干最苦最累的活。

这类递进句，前分句用预递词“不但、不仅、非但”等，紧跟着用否定词“不、没”之类，后分句用“反而、反倒、相反、偏偏”之类。“不但”等保证递进关系的成立，“不……反而……”之类保证反转关系的成立，二者相结合就使得分句之间出现递中有反、反中有递的关系，从而形成“反递”的句式。

反递句与顺递句有时相通，它们的区别仅仅在于语表形式。如：

他不仅不后悔起用郎平，反而下大力锤炼她。（反递）

→他不仅不后悔起用郎平，而且下大力锤炼她。（鲁光《敬你一杯酒》）（顺递）

250. 反逼句情况如何？

反逼式递进句，简称反逼句，表示以一层意思为基点向相比之下不值一提的另一层意思反逼推进。以“尚且……何况……”为代表性形式，后分句可以出现“更”。如：总经理尚且被冷落，（更）何况他仅仅是个秘书！

如果说“不但……而且……”是以层递方式表示“由浅入深”，那么“尚且……何况……”便是以层递方式表示“以深证浅”。“尚且”是反逼预递词，“何况”是反逼承递词，它们不管成对出现还是单个出现，都会构成反逼句式。如：

大人尚且搬不动，何况你这个小家伙！

大人都搬不动，何况你这个小家伙！

大人尚且搬不动，你这个小家伙怎么能行！

这类递进句包含有据理推断性。所谓“以深证浅”，指的就是以“深”的方面作为理据，对“浅”的方面作出推断，加以证明。正因如此，这类递进句在语义关系上跟因果推断句相通。如：

大专家的著作尚且难以出版，更何况你我的东西！（反逼句）

→既然大专家的著作都难以出版，你我的东西就更不用说了！（推断句）

251. “别说”“不说”递进句情况如何？

“别说”递进句，指以“别说”为标志的递进句。“别说”有时用在前分句，大体相当于“不但”，整个复句表示“由浅入深”，属于顺递句；有时用在后分句，大体相当于“何况”，整个复句表示“以深证浅”，属于反逼句。比较：

别说发表小文章，专著他都出版过！

=不但发表小文章，专著他都出版过！（顺递）

专著他都出版过，别说发表小文章！

=专著他都出版过，何况发表小文章！（反逼）

“不说”递进句，指以“不说”为标志的递进句。这种递进句内部，语义关系并不单纯，但从总体上说，基本上相当于“不但……（而且）……”。例如：

局长没来不说，科长也没来。（黄慧英用例）

=不但局长没来，科长也没来。

当煤客的钱化光不说，还借了人家的账。（同上）

=不但当煤客的钱花光，还借了人家的账。

“别说”“不说”都表示排除，都构成排除式递进句，这是它们不同于顺递、反递、反逼等递进句的特殊之处。它们之间也有不同：其一，“别说”可以在前后分句出现，“不说”只出现在前分句，而且常常出现在前分句句末。其二，“别说”表示不要说、不必说的意思，“不说”表示暂且不说、可以不说的意思，因此二者有时不好互相替换。如：人们没有一句感激话不说，见了他还恶眼相看。（黄慧英用例）——这里的“不说”不好换成“别说”。

252.“更”字递进句情况如何？

“更”字递进句，指用“更”字标示递进关系的复句。“更”是程度副词，在“更”字复句中，它既表示程度，修饰 VP / AP，又标示关系，表明 AB 之间具有递进关系。如：我爱北京，我更爱今天的北京。丨他书法很好，山水画更画得出神入化。

有的“更”字递进句，前分句还出现特定关系标志，构成以下几种格式：

[1]“不但 A，更 B。”这一格式相当于“不但……而且……”。如：这篇报道不但叙写了他的一生，更能反映出他的内心世界。

[2]“既 A，更 B。”这一格式标示出并列中有递进。如：既要多出成果，更要注意身体健康。

[3]“连一也 A，更 B。”这一格式既有递进性又有推断性，在语义关系上跟“尚且……何况……”相通。如：连鲢鱼也看不到，更不可能买到鳊鱼了。（= 鲢鱼尚且看不到，更不可能买到鳊鱼了。→鲢鱼尚且看不到，更何况鳊鱼？）

[4]“固然 A，更 B。”这一格式在表示确认的基础上强调出程度更高的一层意思。如：这种阵势我固然见所未见，更是闻所未闻。丨爱情固然令人销魂，权力更令人向往。

253. 什么是选择句？基本情况如何？

选择句是分句间具有选择关系的复句。代表性标志是“或者……或者……”。“或者”有时也说成“或、或则”，不一定成对出现，可以只在后分句出现一个。如：

这本书或者今年出版，或者明年出版。

这本书今年出版，或者明年出版。

从语气上看，选择句可以分为直陈选择句和询问选择句两种：

[1]直陈选择句。其形式标志，除了“或者……或者……”，还有“不是……就是……”和“要么……要么……”。如：

这本书不是今年出版，就是明年出版。

这本书要么今年出版，要么明年出版。

这类选择句也可以成为问句，但选择标志本身跟疑问没有必然联系。如：

这本书或者今年出版，或者明年出版？

这本书不是今年出版，就是明年出版？

[2]疑问选择句。以“是……还是……”为标志，可以只在后分句出现“还是”。如：

这本书是今年出版，还是明年出版？

你去，还是他去？

这类选择句通常都是问句，只有在充当无条件让步句的前分句时，才不表示疑问。如：不管（这本书）是今年出版，还是明年出版，我都没有意见。

254. 直陈选择句内部存在什么差别？

直陈选择句内部，有“任选”和“限选”的差别：

[1]任选。表示“或此或彼”，有任凭选择意味，口气比较灵活。所用的标志是“或者……或者……”。如：

或者你去，或者他去。

或者你去，或者他去，或者你们两人一起去。

或者你去，或者他去，或者你们两人都不去。

或者你去，或者他去，或者你们两人一起去，或者你们两人都不去。

[2]限选。表示“非此即彼”，限定“二者择一”，口气肯定，没有商量余地。所用的标志是“不是……就是……”和“要么……要么……”。如：

不是你去，就是他去。(限选)

要么你去，要么他去。(限选)

值得注意的是：

第一，任选以“或者……或者……”为代表性标志，但“或者……或者……”并不专用于“任选”，有时也用于“限选”。如：

或者把老虎打死，或者被老虎吃掉，二者必居其一。(限选)

第二，同是标示“限选”，“不是……就是……”和“要么……要么……”也有细微差别：

在表意上，“要么……要么……”有时带有较多的主观情绪，有催促对方迅速作出抉择的意味。比较：

你要么答应，要么拒绝，必须迅速决定！

?你不是答应，就是拒绝，必须迅速决定！

前一例很自然，后一例不那么顺畅。

在形式上，如果第一选择项已在上文出现，后边可以单用表示第二选择项的“要么……”。“不是……就是……”中的“就是……”不能这么用。如：

（圣荃说：）“我还是那句话，到上海去。”……

（奶奶说：）“要么到乡下去？”（茹志鹃《她从那条路上来》）

“到上海去”和“到乡下去”各为一个选择项，但在上面的例子里，奶奶接着圣荃的话只说“要么到乡下去？”

255. 如何理解转折类复句？

转折类复句，反映各种各样的“逆转聚合”。突然性转折固然属于逆转聚合，让步性转折也属于逆转聚合；直言的逆转固然属于逆转聚合，假言的逆转也属于逆转聚合。这就是说，排除种种差异，甲乙两事之间只要存在忤逆、转折的关系，都是广义转折关系。凡属于这一关系范畴的复句，都是转折类复句。

以“逆转聚合”的共同点为根基，根据关系标志的不同，转折类复句可以分为突转句、让步句和假转句。如：

他没有论文，但也有机会参加会议。（突转句）

他虽然没有论文，也有机会参加会议。（让步句）

他没有论文，否则也有机会参加会议。（假转句）

这些都是转折类复句。尽管它们的关系标志有所不同，但基本构成材料“他没有论文”和“（他）也有机会参加会议”之间都具有逆转性。

256. 什么是突转句？基本情况如何？

突转句，是突然转折的复句。即前分句没有任何转折的预示，后分句用“但是”之类表示有转折。这是典型的转折类复句，分析复句时可以直接标为转折句。如：

他有点发烧，……

→他有点发烧，因此不能来上班。（因果）

他有点发烧，但是也来上班了。（转折）

先说“他有点发烧”，听者并不知道后边的话将是顺承还是逆接。因此，用“但是”所表示的转折，是没有转折预示的突然的转折。

除了“但是”，转折标志还包括“但是、可是、然而、不过、只是、就是”等连词。比较地说，用“不过、只是、就是”，表示轻微转折。关联副词中，“却”也是转折标志，有时单用，有时跟“但是”等连词配合使用。如：

这个人火气大，我却喜欢和他共事。

这个人火气大，但是我却喜欢和他共事。

257. 什么是让步句？基本情况如何？

让步句，是先让步后转折的复句。形式上，前分句用让步标志“虽然、即使”等，预示后边将有转折。由于让步标志已经预示将有转折，因而后边即使不出现转折标志，也不影响让步句的成立。如：

虽然他们有很多发明创造，他们老师的功劳也是不可磨灭的。

所谓让步，实际上有四种：[1]实让。以“虽然……但是……”

为代表性形式标志。[2]虚让。以“即使……也……”为代表性形式标志。[3]总让。以“无论……都……”为代表性形式标志。[4]忍让。以“宁可……也……”为代表性形式标志。

四种让步句，语义关系上存在相通之处，有时可以相互转化。如：

他们虽然自己挨饿，也要把口粮省下来。（实让）

他们即使自己挨饿，也要把口粮省下来。（虚让）

他们无论自己怎么挨饿，也要把口粮省下来。（总让）

他们宁可自己挨饿，也要把口粮省下来。（忍让）

四种让步句中，实让、虚让和总让三种的让步分句有时后置。后置的让步分句既有补充说明的作用，又有引人注意的作用。如：

他经常帮助有困难的同事，虽然他自己并不宽裕。

原则问题上他从不含糊，即使对自己不利。

他总是第一个到办公室，无论天气好坏。

四种让步句中，前两种更为典型，分析复句时，可以直接标明为“让步”；如果碰到后两种，最好分别标明为“总让”和“忍让”。

258.“虽然……但是……”是什么样的让步句？跟突转句有什么区别？

“虽然……但是……”表示实让，是一种容认性让步句。这种让步句，承认甲事是事实，却不承认甲事对乙事有因果性影响。它是故意借甲事来从相反的方向托出乙事，使乙事受到强调，引人注意。让步标志包括“虽然、尽管、虽说、虽”等。

“虽然”让步句跟突转句有时相通，可以互相变换。正因如此，

“虽然”让步句也往往被叫做转折句。比较：

情况越来越坏，但是我们的行动计划不能改变！（突转）

虽然情况越来越坏，但是我们的行动计划不能改变！（实让）

然而，二者并不完全相同，这主要表现在：

[1]“虽然”句一开始就预示后边将有转折，后边可以不出现“但是”之类。这就是说，“虽然”句里可以不出现转折标志。如：

虽然情况越来越坏，我们的行动计划不能改变！（前有让步标志，后无转折标志）

[2]凡是“虽然”句，都隐含因果逆转关系；有的突转句却不存在这种关系，因而不能变换为“虽然”句。如：

那条裤子太长，但这条裤子又太短。

→*虽然那条裤子太长，但这条裤子又太短。

259.“即使……也……”是什么样的让步句？跟“虽然”句有什么区别？

“即使……也……”表示虚让，是虚拟性让步句。这类让步句，先对虚拟的甲事作出让步，然后转过来肯定乙事。让步标志包括“即使、哪怕、就算、纵然、纵使”等；后分句常用“也”，这是辅助性标志。如：

即使天塌下来，我们也能顶得起。

同“虽然”句一样，“即使”句也是故意从相反的方向借甲事来托出乙事，强调乙事不受甲事的影响。但是，从总体上看，“虽然”句是实言的，是对已然事实的让步；“即使”句则一般是假言的，是对某种假设的让步。比较：

虽然情况有变化，我们也要按时出发。（事实）

即使情况有变化，我们也要按时出发。（假设）

有的“即使”句，说的绝对是一种假设，因而根本没有转化为“虽然”句的可能。比如：

即使倾长江黄河之水，也洗刷不了你的罪恶！

→ *虽然倾长江黄河之水，也洗刷不了你的罪恶！

哪怕把我烧成了灰，我也不低头。

→ *虽然把我烧成了灰，我也不低头。

260. “即使……”有没有“实言”的？

一般以为，“即使……”总是表示假设；其实，有时也用来述说事实，是“实言”的。这类“即使”句，可以称为“即使”实言句。大体说，可以描写为以下几种格式：

[1] 订补式：“那时……即使 A，也 B。”——先述说过去发生的某个事实，再通过“即使”引出过去发生的一个订补性事实。如：那时，他们很少交谈，即使交谈，也只是工作上的联系，干干巴巴，三言两语。（张洁《祖母绿》）

[2] 衬因式：“事实如此，因此即使 A，也 B。”——先说明某个原因，接着通过“即使”强调地指出相关的一个事实，再接着通过“也 B”说明结果，“即使 A”起衬托原因的作用。如：杨老是奋斗发家的，因此即使后来他家财万贯，也始终保持着节俭的本色。（陈祖德《超越自我》）

[3] 复指式：“已是 A，但是即使 A（如此／这样），也 B。”——先述说某个已然事实，接着在“即使”后边用指代词语“如此／这样”

复指这个事实。如：她变得……比他想像中要年轻得多。但是，即使如此，也无法掩盖岁月留下的痕迹。（叶文玲《紫石砚》）

“即使”实言句在内容上等同于“虽然”句，只是语用效果有所不同。用“虽然”，是实事实说，客观性较强；用“即使”，是实事虚拟，所说的事往往显得若有若无，似实似虚，并且带有某种主观情绪或夸张口气，因此让步意味特别重。

261.“无论……都……”是什么样的让步句？基本情况如何？

“无论……都……”表示总让，是无条件让步句。它对特定范围内的各种条件作总体性让步；所谓“无条件”，是就特定范围而言的。让步标志包括“无论、不论、不管”等；后分句常用“都、总”之类，这是辅助性标志。如：

无论你去还是他去，我都支持。

不管哪一位媒人登门，她都只当是夜猫子进宅。

这类让步句，其前分句必须具有任指性和选择性，并且要求通过特定形式表示出来。情况有二：其一，前分句里用“谁、什么、怎么、多少、哪”等疑问代词表示任指。这时，隐含着选择性。其二，前分句里用“A还是（或者）B”的形式表示可供选择。这时，隐含着任指性。如：

无论找谁，都解决不了你的问题。（=无论找甲，还是找乙，还是找丙）

无论买彩电还是买冰箱，没有钱哪能行！（=无论买什么）

对于无条件让步句来说，所让步的情况是虚是实并不重要，前分句所说的事可以是事实，也可以是虚拟的。如：

无论我怎么说明情况，他们都不相信。

无论我将要碰到什么困难，我都不会退缩。

前一例的让步指已然的事，后一例的让步指未然的事。

262. “宁可……也……”是什么样的让步句？基本情况如何？

“宁可……也……”表示忍让，是忍让性让步句。这类让步句，先表示对甲事有所抉择并有所忍让，然后转过来说出乙事，表明决心达到的目的。让步标志包括“宁可、宁肯、宁愿、宁”等；后分句常用“也”，这是辅助性标志。从肯定、否定的形式上说，后分句可以用肯定形式“也要……”，也可以用否定形式“也不……”。如：

宁可多花点钱，也要按时完工。

宁可多花点钱，也不拖延时间！

“宁可”之类是忍让之词。忍让句的让步，不是乐意为之，而是出于不得已。这种让步重在心理上、意志上的强制性抉择，最能表明决心。对忍让来说，所让步的情况是虚是实也不重要，前分句所说的事可以是事实，也可以是虚拟的。如：

当时，她宁可坐在马路边，也不肯回家去。

宁可自己进地狱，也要成全她上天堂！

前一例，“她坐在马路边”指已然的事；后一例，“自己进地狱”明显指虚拟的事。

263. 什么是假转句？基本情况如何？

假转句是分句间具有假言否定性转折关系的复句。以“……否则……”为代表性形式，假转标志包括“否则、不然、要不然、要不”等。如：

走吧，否则会迟到的。

他很有涵养，不然，不会对你这么客气。

“否则”之类和“但是”之类是两路不同的逆转词。“否则”之类，本身含有先假设否定甲事后转到肯定乙事的意思，等于说“不这样就”，表示的是一种假言否定性的逆转；“但是”之类，本身不包含那么复杂的意思，说转就转，表示的是一种直截了当的硬性的逆转。比较：

他很喜欢这幅画，否则早已卖掉了。（假言转）

他很喜欢这幅画，但是早已卖掉了。（直接转）

根据假转句前后分句之间的不同联系，结合前分句所用的特定词语，假转句可以分为因果性假转句、条件性假转句、选择性假转句、祈使性假转句和需求性假转句。如：

因为减少几块钱，否则卖不出去。（因果性假转）

除非减少几块钱，否则卖不出去。（条件性假转）

要么减少几块钱，否则卖不出去。（选择性假转）

还是减少几块钱吧，否则卖不出去。（祈使性假转）

不能不减少几块钱，否则卖不出去。（需求性假转）

264. 因果性假转句情况如何？

因果性假转句表示结果与原因相忤逆。基本格式有四：

［1］“幸亏A，否则B。”如：

幸亏他把话岔开，否则我太难堪了。

这一格式重在说明由于某种原因才得以避免某种不如意的或不正常的结果。“幸亏”对事实加以强调，表示值得庆幸的语气。“幸亏”也可以说成“幸好、亏得、多亏、好在”等。

［2］“可惜A，否则B。”如：

可惜我手上无权，否则我一定做了这件好事。

这一格式重在说明由于某种原因才导致没有出现某种符合心意的结果。“可惜”对事实加以强调，表示值得惋惜的语气。“幸亏A，否则B”是庆幸有所得；“可惜A，否则B”是惋惜有所失。二者的B项，词面所指和实际情况是否如意，恰好相反。比较：

幸亏他没当教练，不然我肯定不能参加甲级队。（我如意）

可惜他没当教练，不然我肯定能够参加甲级队。（我不如意）

［3］“因为A，否则B。”如：

她和沙马耳虎因为化了装，不然，进城难出城也难。（宇心《雾中鼓点》）

这一格式跟“幸亏A，否则B”和“可惜A，否则B”都可相通。它是中性的，在得失之间并不特别显露主观的情绪，只是客观地反映甲事与乙事之间因果逆转的联系。有时“因为”是隐含的。如：

他很有涵养，不然，不会对你这么客气。

→就因他很有涵养，不然，不会对你这么客气。

［4］“想来A，否则B。”如：

想来发生了什么意外，否则他不会不来。

这一格式是用来反证推测的原因。如果把前三种格式叫做释因式，这一格式就可以叫做推因式。表示推测的词语，包括“想来、看来、X猜想、X怀疑”等。

265. 条件性假转句情况如何？

条件性假转句表示结果与条件相忤逆。以“除非A，否则B”为基本格式，所说的条件有以下两种：

[1]必要性的。含有“非这样不可”的意思，“除非A，否则B”可以变换为“非A不可，否则B”。后分句从反面说明条件的决定性作用，同时强调出满足所说条件的绝对必要。如：

除非你离开这儿，否则他不会放过你。

（=你非离开这儿不可，否则他不会放过你。）

[2]析因性的。含有“除了由于某种原因”的意思，“除非A，否则B”可以说成“除非因为A，否则B”。后分句虽然也从反面说明条件的决定性作用，但真正用意不是强调必须满足A项条件，而是强调B项结果不受其他任何条件的影响。如：

除非没赶上班车，不然他不会迟到。

（=除非因为没赶上班车，不然他不会迟到。）

266. 选择性假转句情况如何？

选择性假转句表示选择后项对选择前项有所忤逆。这类假转句以“要么A，否则B”为基本格式，在表达上后分句具有补说性质，表意重心在前分句。如：

要么是十六结婚，不然就拉倒！（王钢《野花瓣儿》）

从隐含的关系看，有的A和B之间存在条件和结果在选择上的对立，有的 A 和 B 之间是一般并举关系的选择对立。比较：

要么照我的意思办，否则，你走不了！

要么照我的意思办，否则，照你三哥的意思办！

前一例是条件与结果的选择对立，后一例是一般并举关系的选择对立。

从扩展的形式看，“要么……”部分可以说成“要么……要么……”、“或者……或者……”等。这样，就形成既有一般选择关系也有假言选择关系的二重复句。如：

要么本月十六结婚，要么下月十六结婚，否则咱们拉倒！

或者照我的意思办，或者照你三哥的意思办，否则，最好听听小妹的意见。

前一例，“要么……要么……”和“否则……”形成第一层次，假转关系；“要么……”和“要么……”之间是第二层次，选择关系。后一例情况相同。

267. 祈使性假转句情况如何？

祈使性假转句表示结果与祈求相忤逆。以“还是 A 吧，否则 B”为基本格式，前分句带祈使语气。如：

你还是离开吧，否则会出问题的。

把猪卖掉吧，不然孩子的学费怎么解决呢？

这类假转句，后分句表示逆祈求的后果，强调出违反祈求将面临的另一种不利的选择。整个复句的表意重心在后分句。从逻辑上说，这一格式包含着一个选言推理：说“还是 A 吧，否则 B”，等于说“要么 A，要么 B，B 不好，所以还是 A 为好”。比如：

还是把洞补补吧，要不，鸡都丢光。

=要么把洞补补，要么鸡都丢光；（选言大前提）

鸡都丢光不好，（小前提）

所以，还是把洞补补为好。（结论）

268. 需求性假转句情况如何？

需求性假转句表示结果与需求相忤逆。以“不能A，否则B”和“不能不A，否则B”为基本格式，前分句用了能愿动词。

“不能A，否则B”，前分句用了“不能”，从否定的角度分析事物的必要性，指明某种需求。“不能”有时说成意思基本相同的“不应”“不可”之类。如：

不能迁就他，否则今后就不好办了。

不能退却，不然会犯大错误的。

“不能不A，否则B”，前分句用了“不能不”，从双重否定表肯定的角度分析事物的必要性，指明某种需求。如：

不能不支援，否则他们支撑不下去了。

我不能不走，要不，我对不住春牛！

如果用直接肯定的说法，“不能不”可以说成意思相当的“得、要、需要、应该”等。“得（要、需要、应该）……否则……”相当于“不能不……否则……”。如：

这话该说了，否则会让莹莹太难堪。

跟“还是A吧，否则B”相比较，“不能A，否则B”、“不能不A，否则B”这两个格式重在分析主客观需要，说理意味比较重。

269. 转折词在转折类复句中的应用情况如何?

转折词,指"但、却"等在分句间表示直接转折的词。

转折词的常规使用范围,包括两类复句:一是突转句,即"……但/却……";二是实让句,即"虽然……但/却……"。

虚让句、总让句和忍让句,分句间以不用转折词为常规。然而,如果需要特别强调突出隐含的转折性,也可以加上"但、却"之类。如:如果她承袭了这笔财产,即使是合法的,但也不光彩。(姜滇《清水湾,淡水湾》)|无论我怎么发问,怎么催促她指出我可能存在的错误,可是她还是闭口不谈。(李功达《对一个失踪者的调查》)|宁可慢些,但要好些!(李国文《花园街5号》)

在非常规情况下使用转折词,有时还有划清转折界限的作用。如:即使无人豢养,饿得精瘦,变成野狗了,但还是遇见所有的阔人都驯良,遇见所有的穷人都狂吠的,不过这时它就愈不明白谁是主子了。(鲁迅《"丧家的""资本家的乏走狗"》)——这里的"但",既起了强调转折关系的作用,又划出了转折的界限。

270. 转折词在并列类复句中的应用情况如何?

有的并列句和递进句,可以进入转折词。

[1]并列句和转折词

转折词进入并列句,便形成"并列+转折"的标志复现,既表明甲乙情况的并存,又表明甲乙情况之间存在转折关系。凡是转折词能够进入的并列句,都隐含有转折关系的逻辑基础;转折词一旦出现,一般的并列句便转化成为转折句。主要形式有五:

①“既……但(却)又……。”如:

既想见到他,又怕见到他。(并列句)

→既想见到他,却又怕见到他。(转折句)

②“既……但(却)也……。”如:

既有天伦之乐,也有纠纷烦恼。(并列句)

→既有天伦之乐,但也有纠纷烦恼。(转折句)

③“一面……但一面却……。”如:

一面摆酒接待,一面派人报告警察局。(并列句)

→一面摆酒接待,但一面却派人报告警察局。(转折句)

④“一方面……但另一方面却……。”如:

一方面承认我有才干,另一方面又说我不能重用。(并列句)

→一方面承认我有才干,但另一方面却又说我不能重用。(转折句)

⑤“一边……但(却)一边……。”如:

一边不停地说恭喜,一边随时准备拔出手枪。(并列句)

→一边不停地说恭喜,但一边却随时准备拔出手枪。(转折句)

[2]递进句和转折词

递进句中的反递句,由于分句间具有反转性,也允许转折词“却”进入,造成“递进+转折”的标志复现,强调出递中有转的关系,使整个复句转化成为转折句。即:“不但不……,却反而……。”如:

他不但不害怕,反而显得更加执拗了。(反递句)

→他不但不害怕,却反而显得更加执拗了。(转折句)

271. 转折词在因果类复句中的应用情况如何？

转折词可以进入几种因果类复句，造成标志复现现象，既表明甲乙情况存在广义因果联系，又表明甲乙情况之间存在转折关系。凡是转折词能够进入的因果类复句，都隐含有转折关系的逻辑基础；转折词一旦出现，因果类复句便转化成为转折句。主要形式有三：

［1］“既然……为什么却……。”如：

既然解决不了问题，为什么还要累死累活地干呢？

→既然解决不了问题，为什么却还要累死累活地干呢？

加“却”，强调了结果怪异，不合常理，跟所据原因之间相忤逆。后分句采用“为什么……（呢）”的形式，“却”字可以在“为什么”前后移动。

［2］“如果说……，（那么）却……。”如：

如果说过去还有点糊涂，那么，今天已经完全清醒了。

→如果说过去还有点糊涂，那么，今天却已经完全清醒了。

加“却”，强调了作为假设的说法和作为结论的说法之间相违逆。形式上，前分句用“如果说”；逻辑基础上，前后分句存在有对立性的比较关系。

［3］“越……却越……。”如：

声音越低，越有威慑力。

→声音越低，却越有威慑力。

加“却”，强调了甲事和乙事之间不是常态倚变，而是异态倚变。即从某一条件出发，倚变的结果不符合正常情况，不是跟条件顺承，而是跟条件相悖。

条件倚变的常态与异态，有时反映说话人的主观认识。比如："读书越多，脸皮越薄。"有的人可能以为读了书，成了书生，脸皮自然会薄，那么这种倚变便是常态倚变，不能加"却"；相反，有的人可能以为读了书了，不怕出头露面了，脸皮自然会厚，那么变薄便是异态倚变，便可以加"却"了：

看你这人，读书越多，脸皮却越薄！

272. 怎样看待复句类别的三分系统？

因果类复句、并列类复句和转折类复句的划分，是从宏观上首先把汉语基本复句归结为三大块，借以建构汉语复句的三分系统。这有利于理清各种基本复句之间错综复杂的关系。

从典型现象看，因果类、并列类、转折类各有统辖。但是，三大类复句之间又不是相互封闭，而是可以相互渗合的。形式上，可以借助"标志复现"来显示关系的渗合并存。比如"既然……，却……"、"既……，但也却……"、"只有先……，然后才……"：

既然可以把他击倒，为什么却向他低头呢？

既可能把他击倒，但也可能被他击倒。

只有先把他击倒，然后才能让他低头。

出现了"但、却"的，已成了转折句；出现了"只有……才……"的，已成了条件句。但是，标志的复现，表示出它们在关系上的渗合：它们分别是因果类（推断）+转折类，并列类+转折类，因果类（条件）+并列类（连贯）。

给事物分类，A和非A的分法和A、B、C的分法都是允许的。复句分为因果类、并列类、转折类三大块，这意味着其中任何一大块都同其他两大块相对立。讨论问题时，如果立足于甲块，那么乙块和丙块可以看作非甲；如果立足于乙块，那么甲块和丙块可以看作非乙；同样，如果立足于丙块，那么甲块和乙块可以看作非丙。

273. 什么是多重复句？

多重复句是包含不只一个结构层次的复句。它由分句和分句按分层联结的方式构成。

所谓“重”，就是层次；所谓“多重”，就是不只一个层次。包含两个结构层次的，是二重复句；包含三个结构层次的，是三重复句；包含四个结构层次的，是四重复句。其他类推。例如：

小松收入微薄，①‖ 而且家庭负担很重，② | 但是，为人慷慨大方，③‖ 经常帮助比他更困难的朋友。④

这是个二重复句。①② 和 ③④ 之间是转折关系，这是第一层次。① 和 ② 之间是递进关系，这是第二层次；③ 和 ④ 之间是解注关系，这也是第二层次。根据第一层次的关系，这个复句可以认定为转折复句。即：

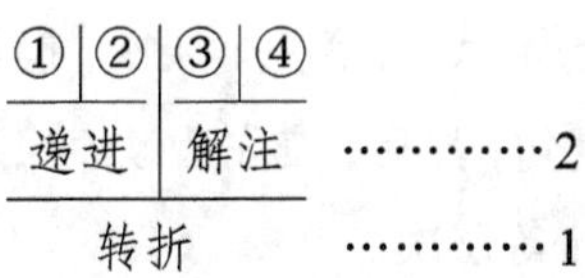

又如：

小松收入微薄，①‖ 而且有父母子女，② ||| 家庭负担很重，③ | 但是，为人慷慨大方，④‖ 宁可不添置衣服，⑤ ||| 也要经常帮助比他更困难的朋友。⑥

跟上面的例子相比较，这个例子已被扩展成为一个转折关系的三重复句。①②③ 和 ④⑤⑥ 之间是转折关系，这是第一层次。① 和 ②③ 之间是递进关系，这是第二层次；② 和 ③ 之间是因果关系，这是第三层次。④ 和 ⑤⑥ 之间是解注关系，这也是第二层次；⑤ 和 ⑥ 之间是忍让关系，这也是第三层次。即：

最常见的多重复句是二重复句和三重复句。四重复句比较少。五重、六重复句很罕见。在多重复句里，各个部分所包含的层次不一定是均等的。假若一个多重复句包含甲乙两大部分，那么，可能甲部分所包含的层次多于乙部分，也可能乙部分所包含的层次多于甲部分。

274. 如何分析多重复句？

分析多重复句有三个要领：

[1]逐层划分。首先，总观全局，划出第一个层次，确认在总体上这个多重复句是什么关系的复句；然后，按先后顺序层层深入地划分清楚第二个、第三个、第四个等层次。

[2]据标判别。逐层划分的过程中，根据作为标志的关系词语来判别层次关系。如果复句本身未用关系词语，就要看看可以把什么样的关系词语添加上去；如果根本添加不上任何关系词语，便一定是并列复句中的某种复句。

[3]化繁为简。在逐层划分的过程中，把繁复形式简化为单纯

形式，以便容易看清层次关系。比方，如果整个多重复句能简化成“尽管那样，但是这样”，那么，便是转折复句；往里分析第二个层次，如果能简化成“不仅那样，而且这样”，便是递进关系；同理，往里分析第三个层次，如果能简化成“因为那样，所以这样”，便是因果关系。例如：

> 不论未来的目标还有多么遥远，① 也不论将来的道路还有多么曲折漫长，② 人民决不会选择倒退，③ 因为倒退是没有出路的。④（邓贤《中国知青梦》）

这是个由四个分句形成的三重复句。总观全局，抓住“因为”这一标志，整个复句表示“因为倒退没有出路，所以无论如何人民不会选择倒退”，是因果关系，其中的原因分句倒置在后面。进一步分析第二层次，抓住“不论……（都）……”，可知是无条件让步关系；再进一步分析第三层次，抓住“（不论）……也（不论）……”，可知是并列（平列）关系。即：

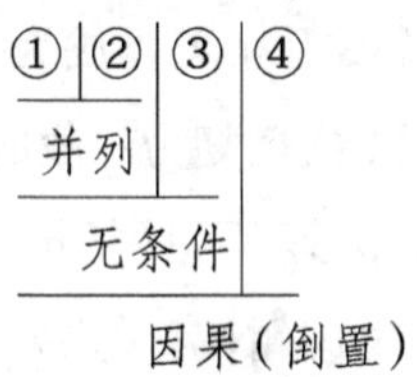

275. 什么是紧缩句？

紧缩句是由复句的分句与分句凝合而成的形式。比较：

即使不便宜，我也要买。（复句）

不便宜也买。（紧缩句）

前一例是虚拟性让步复句，后一例是包含虚拟性让步关系的紧缩句。

紧缩句是复句的单句化变形。分句与分句之间，本来有句间承接停顿；然而，有时为了语句的凝练，句间承接停顿被取消，书面上不出现逗号，于是产生凝合联结的状态，形成了形式简短的紧缩句。

一个紧缩句近似一个单句，单独使用时可以作为单句看待；复句里面如果有紧缩句，一个紧缩句只算一个分句。当然，如果需要对紧缩句进行分析，就要指明它所包含的复句关系。如：

这件事很重要，我们一定要干好，不给钱也干。

这个复句有三个分句，第三个分句是紧缩句。如果有必要，可以进一步指出充当第三分句的紧缩句包含虚拟性让步关系。

276. 紧缩句有哪些类型？

根据凝合形式的不同，紧缩句可以分为两类：

[1]直接紧缩句。这类紧缩句，由两个或几个可以成为分句的结构直接凝合而成。书面上，若加上个逗号，便恢复为一般的复句。如：姑娘大了管不了！(紧缩句)→姑娘大了，管不了！(复句)

这类紧缩句可以包含多种关系。如：电闪雷鸣。(并列) | 雨过天晴太阳红。(连贯) | 人在阵地在。(条件) | 眼高手低！(转折) | 人逢喜事精神爽。(因果)

这类紧缩句有的嵌进了成对呼应表示任指的疑问代词，表示“无论……都……”、“如果……就……”、“只要……就……”等意思。如：<u>谁</u>见<u>谁</u>喜欢！| 要<u>什么</u>有<u>什么</u>。| <u>哪里</u>需要<u>哪里</u>去。| 有<u>多少</u>买<u>多少</u>。| <u>怎么</u>好<u>怎么</u>做。

[2]加标紧缩句。这类紧缩句用了带有标志性的关系词语，形

成了特定的格式。

有的用成对关系词语。常见的有：

①“不……不……”（相当于“如果……就……”）。如：话不说不明。

②“非……不……”（相当于“除非……否则……”）。如：她非二黑不嫁。

③“不……也……”（相当于“即使……也……”）。如：这老兄不请也会来。

④“再……也……”（相当于“即使……也……”）。如：好书再贵也要买。

⑤“一……就……”（相当于“……接着……”或者“只要……就……”）。如：他一毕业就当了记者。｜这东西一碰就碎。｜树叶一黄就落。

⑥“越……越……”（大体相当于“只要……就……”）。如：芒果越熟越好吃。

有的用单个关系词语。常见的有：

①“……也……”（一般相当于“即使……也……”）。如：天塌下来也顶得住。

②“……就……”（相当于“既然……就……”“如果……就……”或“只要……就……”）。如：他肯出面就好办。｜你有想法就请说。

③“……才……”（一般相当于“只有……才……”或“因为……才……”）。如：无私才能无畏。｜饿坏了才来找您的。

④“……却／又……”（相当于“虽然……却又……”）。如：有职却无权。｜说出来又不好意思。

277. 什么样的复句和单句有明显的对立？

典型的复句和典型的单句有明显对立。

典型单句是单核句。一个句子，如果只有一个结构核，不管有无结构层，有多少结构层，都是单句。比如："同意！"这是一个无结构层的动核单句。如果加上结构层，不管加多少，仍然是单句：同意这个建议！(加后包核层) | 完全同意这个建议！(再加前包核层) 又如："牦牛！"这是一个无结构层的名核单句。名词核前边可加上定语结构层，后边还可加上语气词：好壮的牦牛啊！

典型复句是核同质、有核距、无共同包核层的多核句。首先，多核而核同质。即两个或几个结构核具有相同的性质，它们或者都是谓词性的，或者都是名词性的。其次，多核而有核距。即含核单位之间有比较明显的音读距离，书面上用逗号或分号、冒号等隔开。其三，多核而无共同包核层。即每个结构核各有自己的包核层，分别构成相对独立、相对自足的分句，不存在"共层"的现象。如：

太阳一照，景色特别美。

蓝天，远树，金黄色的麦浪。

278. 复句和单句是怎样发生纠结的？

除了典型现象，复句和单句之间存在诸多纠结。纠结的发生，主要表现在以下四个方面。

其一，多核而核异质。即两个或几个结构有的是谓词核，有的是名词核。在通常情况下，它们不会分别充当分句，不构成复句，只能构成单句；但有时它们却分别充当了分句，形成了复句。比如：

一场暴雨，摧毁了无数鸟窝。（单句）

一场暴雨，大河涨水了！（复句）

其二，多核而无核距。即含核单位与含核单位之间没有明显的音读距离，书面上直接联结，不加逗号之类符号。如：

一人做事一人当。（单？复？）

写不出来别硬写！（单？复？）

其三，多核而有共同包核层。即包含两个或几个结构核，它们之间有明显的音读距离，但它们又有共同的修饰成分或相关成分。如：

他一心一意地做学问，写文章。（单？复？）

我下午上街买几本书，看一场电影。（单？复？）

其四，出现特定关系标志。在通常情况下，出现条件标志、让步标志时，会是复句；但有的时候，出现这类标志时也可能是单句。这就是说，关系标志只能表明某个句子“可能是”复句，却不能表明“一定是”复句。如：

只有天气好，才能见到他。（复）

只有张老师，才能见到他。（单）

279. 怎样断定单句里使用了复句关系标志的现象？

某些复句关系标志，如条件关系标志“只有……才……”，让步关系标志“即使……也……”和“无论……都……”，有时使用于单句。有两种情况。

[1]联结“主·谓”。如：

只有人民，才是创造世界历史的动力。

无论谁，都不能进去。

即使过往的大雁那迷人的歌声，也不会骚乱它们古朴古静的心。（陶正《女子们》）

[2]联结“状·心”。如：

这样的话，只有在自己家里才能说。

我们国家无论在哪一方面都已出现了空前繁荣的局面。

他那瘦削的脸上，即使在心情不好时，也表现出一种深思熟虑的神态。（王宝成《海中金》）

这两种用法反映出事物间潜在的复句关系，但从结构上说，所用的关系标志不是联结分句与分句，而是联结单句的两个成分。分析语言事实时，凡是将关系标志减除之后得出明显的主谓关系或状心关系的，便可以断定是单句。

280. 定名结构充当分句有哪些情况？

复句中，最常见的是谓词性分句相互联结，有时也可能是名词性分句相互联结，它们都是同质联结。“名·名”同质联结现象不多，但分句身份都是明显的。如：

多么熟悉的山路，多么熟悉的生活！（谭谈《小路遥遥》）

热闹的街市，水果店，咖啡店，鲜鱼店。（巴金《春天里的秋天》）

有的复句，由异质的谓词性分句和名词性分句联结而成。最典型的情况，是定名结构充当其中的分句。主要情况有五种：

[1]充当前分句的定名结构是“数量名”。如：

一阵汽笛，一队航船驶过来了。

一场寒流，天色变了。

[2]充当前分句的定名结构是"这么形(的)名"。如：

这么严密的阵势，敌人插翅也难飞。

这么远的路，他还是按时赶到了！

[3]充当前分句的定名结构是"形名+形名"或"数量名+数量名"。如：

蓝蓝港湾，青青竹色，记忆里家乡犹如一首诗。

一座扬水站，一座水电站，他在黄河岸送走了无数个日夜。

[4]充当后分句的定名结构是"多么形(的)名"。"多么"可以只说"多"，或者可以说成"好"。如：

大娘心一热，鼻子一酸：多么可爱的孩子啊！

我接过杯子喝了一口，好甜的泉水啊！

[5]充当后分句的定名结构是"一派X的名"之类。如：

高楼林立，彩灯闪烁，人来车往，熙熙攘攘，一派繁荣景象。

有的主张打，有的主张停，一片乱哄哄的喊叫声。

281. 教学中怎样处理复句和单句的划分问题？

单复句之间存在"剪不断理还乱"的纠结现象，这是客观事实。从学术上研究复句问题，不必在"划界"上纠缠，最好先把主要精力放到对复句自身的规律性作深入的挖掘、描写和解释上面。

教学和研究有不同的特点和要求。教学中，需要告诉学生怎样识别单句和复句。为了适应教学的需要，遇到纠缠不清的问题，可以采取权宜性的对策，做硬性的"霸道"的规定。举例来说：

第一，凡是多核而无核距的，或者处理为一般的单句，或者处理为紧缩句。如：

今天上午我们上街买了几本书。（一般连动式单句）

今天上午我们一上街就买了几本书。（紧缩句）

第二，凡是多核而有核距的，即使有共同包核层，可以处理为复句。如：

他一心一意地做学问，写文章。（复句）

今天上午我们上了一趟街，买了几本书。（复句）

教学对策毕竟只是教学对策，而不是科学结论。贯彻对策的过程中，必须遵守同一律，不能忽而这样，忽而那样。否则，就会发生混乱，致使学生无所适从。

282. 复句运用中常见什么偏误？

复句运用中常见的偏误，从语法上说，主要表现为关系标志安置不当。这有种种情况。

[1]强加标志。即在不该用某个标志的地方加了某个标志。如：

任何品种的生物，不仅跟亲体相似，而且有些差异。（引自《语文短评选辑》，黎炳魁用例）

这一例，前后分句之间没有递进关系，却用了表示递进关系的标志。应改为："……都跟亲体相似，不过也有些差异"。

[2]句式不调。即前后分句所用句式不调和。如：

这是锦江集团在宁波首家定点宾馆，从而拉开了沪甬两地旅游经济合作的序幕。（《人民日报·海外版》1997年4月1日，

朱景松用例）

“从而”前后要求有调和的句式,不能一个是静态的“是”字句,一个是动态的行为句。上例的前分句应改为:“锦江集团在宁波设立了第一家定点宾馆”。

[3]结构缺项。即某个结构缺少要求具备的组合项。如:

无论他们竭尽讨好、奉承之能事,老太依然如故。(《小说家》1987年第3期149页)

用“无论”之类标示的无条件让步句,前分句在构造上必须出现“谁、什么、怎样”等任指项,否则必须出现或甲或乙的选择项。上例应该改为:“无论他们如何竭尽讨好、奉承之能事,老太依然如故。”不然,就应该把“无论”改为“虽然”或“尽管”:“尽管他们竭尽讨好、奉承之能事,老太依然如故。”

283. 句群有哪些特点?

基本特点有三:第一,一个句群起码包含两个句子。所包含的句子,每一个都有作为句子的语气和语调,书面上句末用句号或者问号、感叹号。第二,在语流中一个句群表达一层意思,组成句群的句子之间有比较紧密的联系。第三,一个句群所表述的一层意思,主要说明什么问题,有个中心意思。有时中心意思需要从整个句群中归纳;许多时候,主要意思由某个句子直接表明,即句群中有一个句子是表意中心。例如:

四个现代化,关键是科学技术现代化。没有现代科学技术,就不可能建设现代农业、现代工业、现代国防。没有科学技术的高速发展,也就不可能有国民经济的高速发展。(邓小平《在全国

科学大会开幕式上的讲话》)

这个句群由三个句子组成，第一个是单句，第二第三个都是复句，句末都用句号。在这个句群里，第一个句子提出一个判断，第二第三个句子从两个密切相关的两个角度进行论证，说明根据，它们处在“A。因为B。也因为C。”的逻辑联系之中。在这个句群里，作为表意中心的句子是：“四个现代化，关键是科学技术现代化。”

语法上的句群，跟文章中的段落不是一回事。有时句群和段落可能重合，即一个段落可能就是一个句群；但是，有时句群和段落并不重合，一个段落可能包含几个句群，一个段落也可能只有一个句子，不成为句群。

284. 句群的结构层次如何？

一个句群如果包含三个或更多的句子，就可能具有两个或更多的结构层次，从而形成二重句群、三重句群等等。例如：

他有洋洋万言的十一条之多的合理化建议。①起码自认为是合理化建议。②字迹工整地写了十几页，就揣在他衣兜里。③然而他却不打算掏出来了。④凭着一种本能，他感觉到松井先生未必会真的赏识一个见解周详侃侃而谈的中国小子。⑤何况，他自己知道，他那洋洋万言之中，含水量太大，十一条建议，一半左右是纸上谈兵，华而不实的。⑥(梁晓声《激杀》)

从总体看，这是个转折关系的句群，但内部又包含别的层次关系。即：①②③和④⑤⑥之间是转折关系，形成第一个层次，“然而-却”是标志。在前一部分里，①②和③之间是解注关系，形成第二个层次；①和②之间也是解注关系，形成第三个层次。在后一部分里，④和⑤⑥之间是因果关系，形成第二个层次，可以添加上“因为”；⑤和⑥之间是反逼性递进关系，形成第三个层次，“何况”是标志。即：

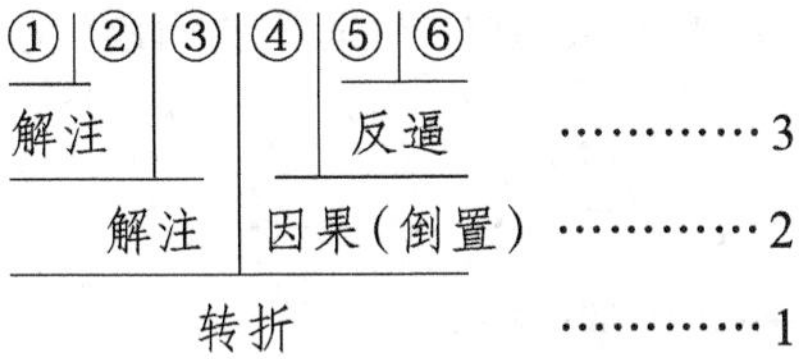

从理论上讲，句子和句子、句子和句群都可以构成句群，句群和句群、大句群和大句群都可以构成更大的句群。那么，往大的方面说，大句群如何“封顶”？这是不容易做明确的规定的。就语法研究而言，最有意义的是基本句群。研究时，可以主要以“句子＋句子”或“句子＋句群”为对象。

285. 句群的组合方式有哪些？

大体说，可以分为“有标组合式”和“无标组合式”。所谓“标”，指的是能够显示句群内部关系的特定词语。

[1]有标组合式。

对于句群来说，能够显示内部关系的特定词语包括以下三种：

① 一般关系词语。即复句中常用的关系词语。如：

A。B。C。因为D。

A。B。但是C。D。

② 组群关系词语。即通常用来把句子和句子组织成为句群的关系词语。如：

A。B。另外，C。

A。B。总而言之，C。

③ 句中示意词语。即用于句中，指示出句与句之间表意关系的词语。包括相互照应的数量示意词语、时间示意词语、方所示意词语等等。如：

三个……。第一……。第二……。第三……。

山顶……。山北……。山南……。

前几年……。现在……。今后……。

[2] 无标组合式。

这样的句群，其句间关系由组群各句在意义上的逻辑联系来表示。到底如何组群，为表述意旨的需要所制约，情况灵活多变，很难给出固定的模式。

286. 句群和复句的关系类别有没有不同？

句群的关系类别跟复句的关系类别大致相同。就基本关系而言，也可以分为因果类、并列类和转折类。因此，就一般情况而言，只要经过语句（以及标点）的适当调整，句群和复句二者可以相互转化。

不过，二者同中也有异。这主要表现在以下四个方面：

[1] 句群中不使用配对标志。如“因为……所以……”、“只有……才……”、“不但……而且……”、“一……就……”、“虽然……但是……”、“无论……都……”等等，只见于复句。

[2] 句群中不使用某些独用标志。如“以便”“以免”，总是用在分句与分句之间构成目的关系的复句，它们不会用来联结句群中

的甲句子和乙句子。

[3]句群中往往出现音节较长、结构较为复杂的关系标志。如“由此可见”“总而言之”，它们通常用于句群的句与句之间，而在复句的分句之间则比较少见。

[4]句群的关系类别，有时比复句更为复杂多样。比如，选择问句群所包含的选择关系，其类别多于选择问复句所包含的选择关系。

287. 选择问句群情况如何？

选择问句群，是选择关系句群中由问句和问句组合而成的一类特定句群。根据语气类型的排列组合状况，结合问句之间所用的关系标志，可以简括为四类：

[1]“—吗—吗”问。代表形式是：“A 吗？或者 B 吗？”如：

需要打针吗？或者，需要吃点药吗？

[2]“—吗—呢”问。代表形式是“A 吗？还是 B 呢？”如：

需要打针吗？还是只需要吃点药呢？

[3]“—呢—呢”问。代表形式是“A 呢？或者 B 呢？”如：

要不要打针呢？或者，要不要吃点药呢？

[4]“—呢—吗”问。代表形式是“A 呢？或者 B 吗？”如：

要不要打针呢？或者，先吃点药可以吗？

跟句内选择问相比较，句群选择问显然更具有多样性。单句选择问，一般表现为“V 不 V”正反选择问，是“—呢”问；复句选择问，一般表现为“是……还是……”列项选择问，是“—呢—呢”问。而句群选择问，则包括上述四类，其中“—吗—吗”问、“—吗—呢”问、

“—呢—吗”问是句内选择问所没有的。

由于类型多样，构造灵活，句群选择问在表达上自然比句内选择问具有更大的能量和功效。

288. 复句和句群如何判别？

有时，一个语言表述单位被处理为复句或句群，既由说话人通过标句点号来认定，具有主观性，又在语言单位中通过特定格式来加以规约，具有客观性。比较：

我能去吗？或者，我妻子能去吗？

到底我能去呢，还是我妻子能去？

这两例都表示选择关系，但前者是句群，后者是复句。前一例，说话人主观上认定为句群，用两个问号标示出了两个问句，同时，采用了选择问句群的特定格式：“A 吗？或者 B 吗？”后一例，说话人主观上认定为复句，只用一个问号，同时，采用了选择问复句的特定格式：“到底 A 呢，还是 B?”在这种情况下，判别复句和句群不仅可以利用标句点号，而且可以从格式上找到根据。

有时，一个语言表述单位被处理为复句或句群，只是由说话人通过标句点号来认定，具有明显的主观性。如：

你可以去。你妻子也可以去！

你可以去，你妻子也可以去。

这两例都表示平列关系，但前者是句群，后者是复句。前一例，说话人主观上认定为句群，于是书面上在两个小句的后边分别用了句号和感叹号。后一例，说话人主观上认定为复句，于是用一个句号统管两个小句，而在两个小句之间用逗号。在这种情况下，对于书面语来说，判别复句和句群只好根据标句点号。

289. 怎样对待书面语里的标句点号？

所谓标句点号，最有代表性的是句号，其次是问号和叹号。

标句点号反映人们的“句认定”。有的时候，多用一个标句点号，就会引起句法格局的微妙变化。比较：

他当局长了？

他？当局长了？

前一例是一个单句，后一例是两个单句构成一个句群。

标句点号的使用，存在从众性原则。假若某个点号的使用是被赞同的或无异议的，它所代表的“句认定”便是可接受的，便是符合从众性原则的。

另一方面，由于主观认识的不同，人们的“句认定”会存在差异，这就决定了标句点号的使用可以相对灵活，从众性原则不是绝对化的。一个语言片段，被处理成复句也好，被处理成句群也好，都可以分析其关系，认识有关的规律。因此，在标点符号必须正确使用的前提下，分析书面语，判别复句和句群，可以承认点号的标句作用，不必在界限问题上纠缠。

研 究 论

290. 什么样的语法分析是静态分析？如何看待？

所谓静态分析，指的是对某个语言片断进行自身的成分分析或层次分析。比如：

你害死我们了！

这个句子，可以这么分析："你"是主语，"害死我们了"是谓语，二者形成主谓结构；谓语部分里，"害死"是动语，"我们"是宾语，二者形成动宾结构；跟宾语相对的动语里，"害"是心语，"死"是补语，二者形成心补结构。这样的分析，是同时对一个语言片断进行了成分分析和层次分析。

对于一个语言片断，不管是从成分的角度分析出主语、谓语、宾语、补语等，还是从层次的角度层层划分其结构状况，还是把二者结合起来，一边进行成分分析，一边进行层次分析，都属于静态的分析。

静态分析是语法分析的起点。不会对语言片断作静态分析，就等于没有掌握语法分析的基本功。正因如此，在语法教学中，要花很多时间教学生学会进行静态分析。

291. 什么样的语法分析是动态分析？如何看待？

所谓动态分析，指的是在动态中多角度地分析语法事实，揭示语法规律。其基本做法，是“两个三角”的验证。“两个三角”包括：[1]“表—里—值”三角。这是“小三角”。[2]“普—方—古”三角。这是“大三角”。如图：

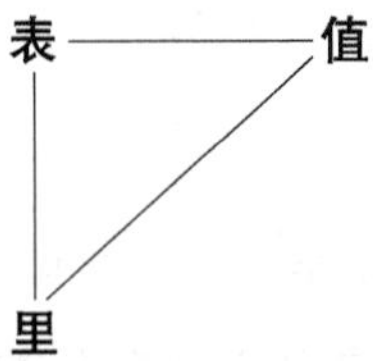

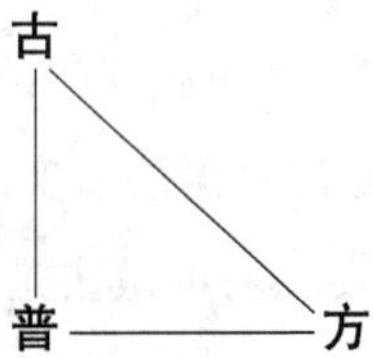

研究汉语语法事实，既需要进行静态分析，更需要进行动态分析。这是因为，许多时候仅仅依靠静态分析，无法深入揭示语法规律。比较：

你害死我们了！

你气死我们了！

你想死我们了！

这三个句子，不管用成分分析法、层次分析法还是层次成分分析法，分析的结果都完全一样，然而它们的隐性语法关系并不相同。假如要研究“你想死我们了”这一类句子，只有进行“表—里—值”三角分析，才能弄清其特殊规律和特殊作用。

292.“小三角”的基本内容是什么？

“小三角”指“表—里—值”三角，由语表形式、语里意义和语用价值所构成。语表形式，是显露在外的可见形式，简称“语表”或“表”；语里意义，是隐含在内的不可见的关系或内容，简称“语里”或“里”；语用价值，是适应特定语用需要而产生的价值，简称“语值”或“值”。

“小三角”的分析验证，包括两个方面：

[1]表里印证。所谓“表里印证”，是指在表里之间寻找规律性联系，以揭示有关事实的特定规律。这是汉语语法研究的最基本的工作。基本做法是：由表察里，由里究表，表里相互印证。

[2]语值验察。所谓“语值验察”，是指对语法事实在语言表达系统中的特定语用价值进行检验和考察。基本做法是：语里同义，语表异形，究其语值。

“小三角”研究注重对研究对象作多角度的聚焦性考察。在研究线路上，表里关系的反复验证是先行性的工作，语值的验察起补充作用，是延伸性的工作。

293.“小三角”的分析验证如何实施？

“由表察里，由里究表，表里相互印证”也好，“语里同义，语表异形，究其语值”也好，都只是研究思路。在具体研究中如何实施，要看对象，从实际出发。总的原则是：以获得规律性认识为目的，灵活机动地采取论证方式和操作程序。

以“NN 地 V”格式为例。NN 代表并列名词，V 代表动词或动词结构。如：

烧鸡烤鸭地吃

原理公式地天天背

第一步，需要考察其语表和语里的联系。

从语表看，这是一个 NN 带“地”作了 V 的状语的格式。由表察里，可以知道 NN 具有可宾性，它实际上是 V 的逻辑宾语，因而可以转化为 V 的语法宾语（烧鸡烤鸭地吃→吃烧鸡烤鸭）。再由里究表，可以知道具有可宾性的 NN 可以多于两个名词（烧鸡烤鸭武昌鱼地天天吃），但不能只是一个名词（*烧鸡地天天吃／*烤鸭地天天吃）；可以多于四个音节，但不能少于四个音节（*鸡鸭地吃／*鸡鸭鱼地吃）；另外，NN 之间不能用“和”（*烧鸡和烤鸭地吃）。

进一步，需要考察其语用价值。

一般名词或名词结构的常用位置不是状语。因此，还有必要对 NN 名词结构作状语的语用价值进行探讨和描述。通过验察，可以知道：这一说法，突出了 NN，语气上略带夸张性；同时显示了说话人的异常感觉，所说的话富于情绪性。

294. “大三角”的基本内容是什么？

“大三角”指“普—方—古”三角。“普”指普通话，“方”指方言，“古”指古代近代汉语。研究现代汉语共同语语法事实，为了作出更加令人信服的解释，有时可以以“普”为基角，撑开“方”角、“古”角，从而形成分析验证的一个“大三角”。

“大三角”的分析验证，包括两个方面：

［1］以方证普。这是“普—方”验证。即：立足于普通话，横看方言，考察所研究的对象在方言里有什么样的表现，以方言印证普通话。

［2］以古证今。这是“普—古”验证。即立足于今，上看古代近代汉语，考察所研究的对象在古代近代汉语里有什么样的表现，以古印证今。

大三角里的“古”，是跟“今”相对的“古”。“今”指现代汉语，那么古代汉语和近代汉语都算是“古”。在进行“大三角”的事实验证时，“古”角所用的语料固然可以是文言文，也可以是《红楼梦》《儿女英雄传》等白话文作品中可以说明问题的现象。当然，从严格意义上说，“文言”和“白话”是有很大的不同的。

295. “大三角”的分析验证如何实施？

“以方证普”也好，“以古证今”也好，都是研究思路。实施起来，同样需要从实际出发，从特定需求出发，以有效地说明问题为目的。

关于“普—方”验证，比较：

他明天来吧？

他明天来噢不啊？

普通话里问句末尾的“吧”，吕叔湘和赵元任都认为是“不啊”的合音。史冠新山东临淄方言的研究成果表明，在该方言中，问句末尾可以说“吧”，也可以说“不啊”。（“吧”或“不啊”前边出现“噢”

或"啊")以方言证普通话,临淄方言的说法可以帮助证明"吧"是"不啊"的合音的论断。

关于"今-古"验证,比较:

因为……,所以……。

因为……,因此……。

因(为)……因……。

作为连词的"因",古代汉语里有两种,分别相当于"因为"和"因此、于是"。

近代汉语里,两种"因"都仍然活跃,特别是出现了"因(为)……因……"的形式。例如:因闻得梨香院的十二个女孩儿中有个小旦龄官唱的最好,因出了角门来找……(《红楼梦》第三十六回)又如:我因为没有话好说,因请问他贵府在那里。(《二十年目睹之怪现状》第三十七回)

现代汉语里,最常用的是"因为……所以……",有时也可以看到"因为……因此……"。通过"今古验证",可以知道:第一,"因为……因此……"是古代-近代用法的延展,尽管为了避免前后两个"因"字的重复,不必提倡,但不是不正确的用法;第二,"因为……所以……"的形式在近代汉语里也有,但到现代汉语里才真正成为最具代表性的主流形式。

296."小三角"和"大三角"的关系如何?

相对而言,小三角是就甲事物本身来研究其"表—里—值"之间的三角联系,所用语料都是属于现代汉语共同语的;大三角则是在更大的视野里观察乙事物、丙事物跟甲事物的联系，所用语料不仅有现代汉语共同语的，而且还有方言的和古代近代汉语的。二者的关系，如图：

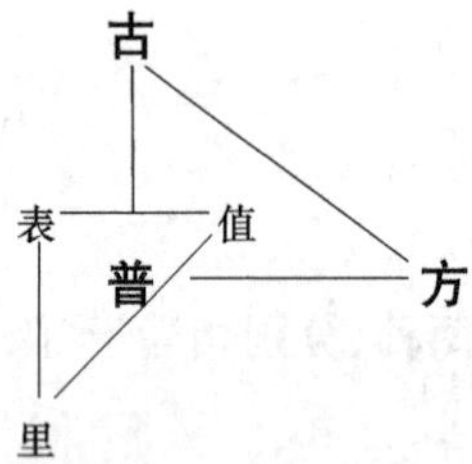

作为现代汉语语法事实的分析验证的思路和办法，“小三角”是内证；大三角的“方”角、“古”角，对于“普”角来说，起着外证的作用。“两个三角”的分析验证，可以结合进行。

比如“您们”，这个形式可以成立。

这是个复数尊称形式，小说中一再出现。据吕叔湘《“您们”、“妳”、“二”和“两”》和《关于“您们”》所提供的语料，可以知道，一些老北京人和北京的一些中学生口头上也说。

从表里关系看，现代汉语“三称”代词的单复数系统趋向匀整，“您们”的组造既是表意的需要，也是形式系统的类化结果。在语值上，“您们”在信件中使用时很难取代。这是“表—里—值”考察。

武汉方言中有个“你家”，念快了成为［nia^{42}］，书面上往往被写作“您驾”，其复数形式被写作“您驾们”。这样的方言现象支持了“您们”的成立。这是“以方证普”。

据向熹《简明汉语史》所提供的语料，“您”最早见于宋元话本和金元诸宫调里，有时表示尊称，有时不表示；“您”可以加“每”成为“您每”（即“您们”），有时表示复数，有时不表示。从发展轨迹看，“您们”的形式和表意是近代汉语里出现，而在现代汉语里实现定型化的。这是“以古证今”。

297. 什么是“三个充分”？跟“两个三角”的关系如何？

所谓“三个充分”，指的是“观察充分”、“描写充分”和“解释充分”。国外学者有关于三个充分的提法，这个提法可以引进现代汉语语法研究，结合汉语实际作配套性解释。

[1]观察充分。研究一种现象，首先要充分观察这种现象。只有充分观察，才能有充分的了解。怎样才是充分观察？该观察到的方方面面全都观察到了，所作的观察就算是充分的了。为此，观察的思路要尽可能地开放，要善于由此及彼，随迹追踪。

[2]描写充分。观察是寻求对事物的了解，描写则是反映事物的面貌。只有充分描写，才能有充分的反映。怎样才是充分描写？把有关规律全都反映出来，这就可以算是充分描写。为此，论题的范围应尽可能地封闭在可以进行穷尽性描写的范围之内。

[3]解释充分。描写偏重于从微观上对语法事实作客观的反映，解释偏重于从宏观上对语法事实作理论的阐明。只有充分解释，才能有充分的认识。怎样才是充分解释？解释的充分，不是表现为“多”，不是表现为“细”，而是表现为“深”，表现为具有“一语破的”的概括力。

“两个三角”是研究思路，“三个充分”是研究要求，二者互补互证，互为条件。如图：

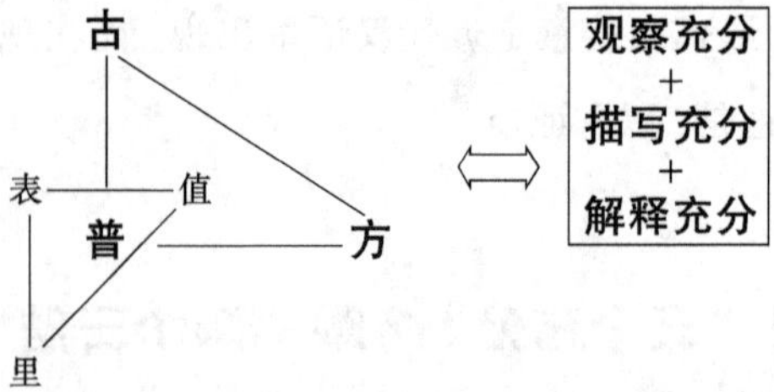

强调“充分”，是要求尽可能地做得更充分一点。绝对的“充分”，是不可能的。

298. 怎样理解“解释”？

“解释”大体可以分为两类：

[1]归总性解释。即在充分观察和充分描写的基础上作出理论上的解释。这种解释以事实分析为前提，注重理论的步步提升。

[2]先导性解释。即先作出一种理论解释，然后加以求证。这种解释以假设为前提，重在设立理论框架或模式，并据此进行推导和阐述。

两种解释的走向有所不同，但不管哪种解释，都是为了揭示语法事实的本质属性和本质面貌，它们本身都不是语法研究的目的。

就“描写”和“解释”之间的关系说，二者很难截然分开，一般都是描写中有解释，解释中有描写。不过，从研究工作的侧重点看，有的偏向于描写，有的偏向于解释。

299. 事实发掘有何意义？

对于汉语语法研究来说，应该提倡“研究植根于汉语泥土，理论生发于汉语事实”。1898 年马建忠《马氏文通》出版以来，经过一百多年众多学者的努力，汉语语法研究正在走向成熟。然而，距离真正成熟还相当遥远。

目前，许许多多的语法事实尚未认识清楚；事实的发掘，仍然应该放在研究工作的首位。所谓事实的发掘，有多方面的含义。包括：第一，从众多的事实中发掘出值得研究的事实；第二，从值得研究的事实中发掘出规律性；第三，从所得的规律中发掘出理论问题；第四，从发掘规律和理论的过程中总结出研究思路和研究方法。

举个很小的例子。一般以为“X 里”和“X 中”相同，可以互换。如：心里–心中｜庄子里–庄子中。然而，观察表明：“X 里”有时不好说成“X 中”，如：夜里｜内心里；“X 中”有时不好说成“X 里”，如：途中｜手术中。二者都能用的，由于受到诸多因素的影响，选用上也有一定的偏向性。那么，什么时候该用“里”？什么时候该用“中”？什么情况下用“里”比用“中”要好，什么情况下用“中”比用“里”要好？

更多地发掘出诸如此类值得研讨现象，探究有关的规律，既可以弄清各种各样的事实，又会触及诸多理论问题，并且便于更好地总结汉语语法的研究思路和研究方法。

事实的发掘，是汉语语法研究的一个具有战略意义的系统工程。事实发掘的程度，反映研究的深度；离开了事实的深入发掘，谈不上理论的建树，也谈不上研究的成熟。

300. 语境对事实的发掘有何意义？

研究语法事实，既要对事实本身进行分析，也要联系事实所在的语境进行分析。

大量事实表明，句式歧义的分解、词性异类的分化、语词异义的分析，都需要依赖于语境。比如：我^讲不好。|我讲^不好。——同是“我讲不好”，甲语境中“我”是主语，“讲不好”是谓语；乙语境中“我讲”是主语，“不好”是谓语。又如：买把锁。|把门锁上。——同是“锁”，甲语境中“锁”是名词，乙语境中“锁”是动词。再比较：小白兔被打死了。|小白兔被打破了。——同是“小白兔”，甲语境中“小白兔”是有生命的动物，乙语境中“小白兔”是石膏之类制成的玩具。

再举个具体的例子：

有钱人结亲讲穿戴，我爹没钱不能买。（扯上了二尺红头绳，对着镜子扎起来。）（歌剧《白毛女》唱词）

50年代拍摄的歌剧《白毛女》，唱词中用“没钱”；“文革”期间拍摄的芭蕾舞剧《白毛女》，改成了“钱少”。之所以这么改，肯定是基于这样的逻辑：既然能买红头绳，怎么能说“没钱”？这种简单化的形式逻辑推论，很容易对语言运用产生误导。

语言不是数目字，说话不是做算术，否定形式的否定度量往往受到语境的规约。有多少钱才算“有钱”？是不是一个子儿也没有才算“没钱”？这是相对模糊的。实际语言运用中，“没钱”往往就是钱少或钱不够的意思。唱词的上一句是“有钱人结亲讲穿戴”，接下来才是“我爹没钱不能买”。没钱买衣服首饰，等于说没买衣服首饰的钱，并不意味着连买二尺红头绳的钱也没有。正如说“没钱买车子”，并不意味着连买车票的钱也没有一样。在语言表述系统中，“没钱”不是一个孤立的事实，“没”也好，“无”“不”也好，说的可能是“零”，但也不一定就是“零”。

总之，只有结合语境研究语法，才能更为精确、更为有效地描写和解释语法事实。